QUERO FICAR RICO

CARO LEITOR,
Queremos saber sua opinião sobre nossos livros.
Após a leitura, curta-nos no facebook/editoragentebr,
siga-nos no Twitter @EditoraGente e visite-nos no site
www.editoragente.com.br.
Cadastre-se e contribua com sugestões, críticas ou elogios. Boa leitura!

RAFAEL SEABRA

www.**QUERO FICAR RICO**.com

TUDO O QUE VOCÊ PRECISA SABER SOBRE **DINHEIRO** E **CRIAÇÃO DE RIQUEZA EM**

60 minutos

Diretora
Rosely Boschini

Gerente Editorial
Marília Chaves

Assistentes Editoriais
César Carvalho e Natália Mori Marques

Editora e Supervisora de Produção Editorial
Rosângela de Araujo Pinheiro Barbosa

Controle de Produção
Karina Groschitz

Preparação
Carla Fortino

Projeto Gráfico e Diagramação
DuatDesign

Revisão
Lilian Aquino

Capa
Tamires Cordeiro

Impressão
Gráfica Assahi

Copyright © 2016 by Rafael Seabra
Todos os direitos desta edição são reservados à Editora Gente.
Rua Natingui, 379 – Vila Madalena
São Paulo, SP – CEP 05443-000
Telefone: (11) 3670-2500
Site: http://www.editoragente.com.br
E-mail: gente@editoragente.com.br

Dados Internacionais de Catálogo na Publicação (CIP)
Angélica Ilacqua CRB-8/7057

Seabra, Rafael
    Quero ficar rico : tudo o que você precisa saber sobre dinheiro em 60 minutos / Rafael Seabra. – São Paulo : Editora Gente, 2016.
    144p.

ISBN 978-85-452-0122-9

1. Finanças pessoais 2. Educação Financeira. 3. Riqueza I. Título

16-0712   CDD 332.024

Índices para catálogo sistemático:
1. Finanças pessoais 332.024

Dedico este livro a

minha família e aos meus amigos, que sempre me apoiam incondicionalmente, mesmo quando não têm a mínima ideia do que estou fazendo.

Agradecimentos

Escrevo este trecho durante uma viagem de trem entre Voss e Oslo, ambos na Noruega. Se tenho agora a vida que sempre sonhei, tendo viajado por mais de quarenta países até então, certamente muitas pessoas me ajudaram nessa jornada. E sou muito grato a cada uma delas por tudo o que conquistei até aqui.

Agradeço, em primeiro lugar, aos meus pais que me ensinaram as coisas mais importantes em minha vida. Meu pai, César, me ensinou desde cedo a ser frugal e lidar com o dinheiro. Minha mãe, Betânia, me ensinou quão prazeroso é trabalhar duro quando você ama o que faz. Eles, juntos, mostraram que simplicidade, humildade e integridade formam o alicerce para o sucesso pessoal e profissional.

Aos meus irmãos, Leonardo e Mirela, agradeço por sempre estarem por perto e pelo orgulho que sentem por mim, que me dá forças e uma baita responsabilidade para nunca desapontá-los.

A Raquel, minha eterna namorada e companheira, agradeço por todo amor, confiança, apoio incondicional a qualquer novo desafio e por ter me ensinado a amar viajar, me dando o mundo quando eu queria apenas estar com ela.

A todos os meus amigos, que sempre me fazem rir e viver de forma mais leve.

A Alexandre Macedo, grande amigo e maior responsável por abrir minha cabeça para o mundo da educação financeira e dos investimentos.

A César França, outro grande amigo e maior responsável pela criação do blog Quero Ficar Rico, que me acompanhou até 2009 antes de optar por seguir sua brilhante carreira acadêmica.

A Patrícia Jimenes, minha assessora de imprensa, agradeço pelo belíssimo trabalho em mostrar aos jornalistas a importância da educação financeira e conseguir espaços nos principais meios de comunicação do Brasil.

A Rosely e toda a equipe da Editora Gente, que acreditou neste projeto desde a primeira conversa e desenvolveu junto comigo este incrível trabalho que você está prestes a conhecer.

Aos educadores financeiros, agradeço pelo nobre trabalho de promover a educação financeira em nosso país, tão carente desta essencial formação, capaz de mudar vidas.

Aos leitores do blog Quero Ficar Rico, agradeço por cada elogio, sugestão e até mesmo crítica que recebi desde o início do projeto, ainda em 2007. Cada participação foi essencial no crescimento do blog.

Por último, mas não menos importante, agradeço a você, por acreditar no meu trabalho e ter escolhido este livro como uma fonte de conhecimento sobre educação financeira. Conhecimento é liberdade e sou muito grato por poder ajudar você a trilhar este caminho.

Sumário

INTRODUÇÃO — 13
"Começando do começo" — 14

CAPÍTULO 1
DINHEIRO NÃO RESOLVE PROBLEMAS FINANCEIROS — 25

CAPÍTULO 2
DINHEIRO E EMOÇÕES: UMA COMBINAÇÃO PERIGOSA — 31
Autossabotagem: a principal causa de problemas financeiros — 31
Medo: o principal bloqueio emocional para seu sucesso
(e como superá-lo) — 38
Tenha uma mentalidade de enriquecimento — 44

CAPÍTULO 3
**UMA NOVA MENTALIDADE FINANCEIRA:
COMO COLOCÁ-LA EM PRÁTICA** — 51
Disciplina — 51
Equilíbrio — 58
Padrão de vida — 63

CAPÍTULO 4
VIDA FINANCEIRA: COMO SE ORGANIZAR DEFINITIVAMENTE — 71
Passo 1 – Defina objetivos financeiros — 71
Passo 2 – Elabore seu orçamento pessoal ou familiar — 79
Passo 3 – Controle suas dívidas — 86
Passo 4 – Monte um fundo para emergências — 95

CAPÍTULO 5
**O QUE NUNCA FALARAM SOBRE
A "FÓRMULA DA INDEPENDÊNCIA FINANCEIRA"** — 105

CAPÍTULO 6
O QUE SEPARA VOCÊ DO SUCESSO? — 117

CAPÍTULO 7
OS TRÊS PILARES DA VERDADEIRA RIQUEZA — 131
Relacionamentos — 132
Saúde — 132
Liberdade — 133

**CONCLUSÃO
SIM, DINHEIRO COMPRA FELICIDADE!** — 139

INTRODUÇÃO

Introdução

Era uma sexta-feira, 1º de novembro de 2013. "Você está louco!" talvez tenha sido a frase que mais ouvi de amigos e familiares nas semanas que antecederam aquele dia. A decisão já tinha sido tomada havia bastante tempo, mas faltava a coragem para colocá-la em prática. Naquela data, pedi demissão do meu emprego para me dedicar exclusivamente à vida que sempre sonhei.

E não era qualquer emprego.

Estou falando de um cargo público conquistado através de concurso e no qual eu já era estável, trabalhava apenas seis horas por dia (trinta horas semanais) e tinha uma ótima remuneração.

Meses antes, em julho de 2013, havia decidido também reformular o meu blog <QueroFicarRico.com> para retirar todos os banners e não aceitar mais artigos patrocinados, também conhecidos como publieditoriais.

Essas duas decisões fizeram com que eu deixasse de ganhar mais de **11 mil reais mensais**... de maneira garantida.

É importante ressaltar que essa decisão foi tomada em 2013. Meu salário era corrigido anualmente, para repor as perdas inflacionárias, então hoje eu estaria ganhando mais do que isso.

Mas abrir mão do emprego foi a **melhor decisão** que já tomei em minha vida! Antes de também me chamar de louco, leia este livro até o final. Daqui a pouco eu conto o resto dessa história. Agora vamos entender quais problemas você precisa superar para, assim como eu, ter a vida que **deseja e merece**.

"Começando do começo"

Eu, assim como qualquer pessoa, sempre tive grandes sonhos. E, como a grande maioria, também enfrentei diversos problemas financeiros que, durante muito tempo, me impediram de conquistar esses sonhos.

Então me sinto na obrigação de falar sobre alguns inimigos que acabam com qualquer possibilidade de se seguir um estilo de vida mais livre, financeiramente independente, e fazer o que se ama, sem ter de dar satisfações para ninguém. São pensamentos que impedem muita gente de correr atrás desse tipo de estilo de vida. Mas não se preocupe. Você não está sozinho e não é o único que pensa assim. Isso é bem normal, mas, infelizmente, acaba destruindo o sonho de muita gente.

Talvez você seja vítima de pensamentos assim:

- Eu não tenho dinheiro para investir;
- Eu não quero perder dinheiro com investimentos;
- Eu não quero trabalhar muito para enriquecer;

INTRODUÇÃO

- Eu nunca vou conseguir me livrar das dívidas;
- Fazer um planejamento financeiro requer uma ajuda profissional;
- Eu não tenho a disciplina necessária;
- Eu sou impaciente e inseguro;
- Eu não sei se é possível viver com o que eu amo fazer;
- Eu sou muito jovem (ou muito velho) para seguir um novo caminho como esse;
- Eu não sei nem por onde começar...

Muitas pessoas são vítimas desses pensamentos, e eu mesmo já me senti assim várias vezes na minha jornada rumo à independência financeira. Talvez você pense que o sucesso só acontece para os outros e que exista uma força externa que parece impedi-lo de explorar todo o potencial que possui. A culpa não é sua. É muito provável que alguém tenha feito parecer difícil para você, senão impossível, viver fazendo o que se ama e ainda ser livre financeiramente.

A nossa mente é poderosa, podendo tanto nos ajudar como nos derrubar. Se você tem algum exemplo do que acha que o está impedindo, busque pensar mais fundo sobre ele. Tenho certeza de que vai descobrir a resposta dentro de você, e perceberá que se trata apenas de uma pedra no meio do caminho.

Você não tem culpa de não entender de dinheiro e riqueza. Não é sua culpa não ter sido ensinado sobre educação financeira, tanto dentro de casa quanto na escola. Por outro lado, é 100% sua responsabilidade aprender sobre dinheiro e riqueza e sobre como se comportar em relação a eles.

Embora não seja sua culpa não saber de algo, é sua responsabilidade descobrir como aprender. Aceitar isso é essencial para você amadurecer financeiramente e entender como o dinheiro funciona.

O Papai Noel dos adultos

Você conhece a história do Papai Noel – afinal, quem não conhece? O bom velhinho entra na sua casa pela chaminé (mesmo que não exista uma), deixa seu presente e parte com as renas no trenó para deixar outros presentes para todas as crianças do mundo.

Na infância, é muito saudável acreditar em Papai Noel. Além de alimentar a fantasia da criança (o que é importante), ainda serve como estímulo para um bom comportamento e para ser um filho exemplar.

O problema é que muitas crianças crescem, tornam-se adultas e continuam achando que as coisas vão "cair do céu". Acreditam que, em algum momento, num passe de mágica, os problemas financeiros vão se resolver. Acreditam que vão ganhar na loteria ou receber uma herança de um parente rico que nem conhecem. Acreditam que o gerente do banco vai indicar os melhores investimentos ou que terão dinheiro suficiente para a aposentadoria.

O primeiro passo para amadurecer financeiramente é parar de acreditar nesse "Papai Noel" e começar a assumir responsabilidades.

Principais problemas financeiros

Independentemente do seu nível de inteligência financeira atual, aposto que você está enfrentando pelo menos um dos problemas a seguir:

INTRODUÇÃO

- Desemprego;
- Endividamento;
- Consumismo em excesso e preocupação em demonstrar status social;
- Insatisfação com o trabalho;
- Trabalhar demais e não ter tempo para a família, saúde e o lazer;
- Não conseguir acumular riqueza, independentemente de quanto ganha;
- Não ganhar tanto quanto gostaria;
- Problemas conjugais por conta do dinheiro;
- Não acreditar no próprio potencial para enriquecer;
- Contar apenas com o INSS para a aposentadoria;
- Continuar dependendo dos outros depois da aposentadoria;
- Estar infeliz ou não ter qualidade de vida (de forma geral).

A **boa notícia** é que todos esses problemas são solucionáveis. Mas você precisará tomar uma atitude para sair da situação atual e alcançar a situação desejada.

Da mesma forma como está enfrentando pelo menos um dos problemas acima, também aposto que deseja pelo menos uma das coisas a seguir:

- Prosperar financeiramente;
- Realizar seus maiores sonhos sem se sacrificar por dinheiro;
- Adquirir bens e ter as experiências que valoriza;

- Trabalhar por opção, e não por obrigação;
- Ter tranquilidade e liberdade financeira;
- Proporcionar melhor qualidade de vida para a família;
- Quitar todas as dívidas;
- Ter abundância em todas as áreas da vida;
- Não ter que se preocupar com dinheiro;
- Atingir sucesso nos negócios e na carreira;
- Ajudar outras pessoas.

A grande pergunta é: "O que você tem feito para se livrar dos seus problemas e alcançar seus maiores sonhos?".

O primeiro passo, ao contrário do que muitos pensam, é pensar da maneira correta. É programar seu cérebro para uma mentalidade de enriquecimento.

Durante muito tempo, eu achava que essa história de "pensamento positivo" e "poder da mente" era pura balela. E a verdade é que apenas pensar positivo não fará com que você conquiste riqueza e prosperidade. Pode até melhorar pontualmente alguns aspectos da sua vida, mas não será somente isso que mudará completamente sua saúde financeira.

No entanto, quando combinamos a mentalidade correta com eliminação de crenças limitantes e adoção de bons hábitos financeiros, as chances de obter sucesso aumentam consideravelmente.

Muitas vezes, as pessoas guiam suas vidas por pensamentos automáticos (conscientes ou inconscientes) que aceitam como verdade. "Eu não gosto do meu emprego", "Não confio no meu

INTRODUÇÃO

chefe", "Não sou bom em nada em particular" ou "Acho a vida chata" são apenas alguns exemplos de pensamentos que muitos tomam como verdade. Esses pensamentos podem simplificar sua vida, restringindo o que você tem que pensar, mas também podem trabalhar contra você se não forem verdadeiros ou se forem autolimitadores.

No ótimo livro *Mentes milionárias*, os autores Teresa Aubele, Doug Freeman, Lee Hausner e Susan Reynolds concluíram que, se você estiver dependendo de respostas automáticas para auxiliá-lo no dia a dia, pode estar financeiramente inconsciente. Você está nesse estado quando:

- Resiste em enfrentar sua verdadeira situação financeira;
- Adota estratégias defensivas, como a negação;
- Permite que suas crenças negligentes influenciem suas decisões financeiras;
- Não sabe o que precisa fazer para tomar decisões financeiras sólidas;
- Não está empregando todos os recursos do seu cérebro para tomar decisões financeiras seguras;
- Toma decisões puramente baseadas em emoções;
- Não aprende com seus erros;
- Transfere todas as responsabilidades financeiras para outros.

Seus pensamentos formam seu caráter – como você age no mundo e o quão longe viaja mental, física e espiritualmente. Você é aquilo que pensa ser, e todas as suas ações se originam de pensamentos. Seus pensamentos interiores sempre refletirão em suas circunstâncias externas, pois mudanças realizadas por você em sua vida são sempre antecedidas de mudanças na maneira pela qual você pensa em algo. Em resumo, **você é o que você pensa**.

Se você tiver algum desses problemas e continuar pensando da mesma maneira, dificilmente terá um futuro diferente do que está vivendo agora. É loucura continuar fazendo a mesma coisa repetidamente e esperar resultados diferentes. No entanto, se quiser mudar esse cenário, este livro é para você.

A partir de agora, você vai adquirir conhecimento e assumir as rédeas da sua vida financeira.

Estamos juntos nessa?

CAPÍTULO 1
DINHEIRO NÃO RESOLVE PROBLEMAS FINANCEIROS

CAPÍTULO 1
DINHEIRO NÃO RESOLVE PROBLEMAS FINANCEIROS

Se você está enfrentando problemas financeiros, saiba que ter mais dinheiro não será a solução. E a lógica é simples: a falta de um planejamento financeiro não pode ser solucionada apenas com mais dinheiro.

Independentemente de você receber mil, 10 mil ou 100 mil reais por mês, se não tiver um plano financeiro, disciplina e bons hábitos com dinheiro, é muito provável que venha a enfrentar problemas financeiros em algum momento da vida.

A riqueza está pouco relacionada a quanto se ganha e muito mais relacionada a quanto se acumula e ao padrão de vida. Se você vive acima das suas possibilidades enquanto ganha pouco, viverá também assim mesmo se passar a ganhar muito dinheiro.

Ganhar muito não é sinônimo de ser rico

Muita gente pensa que ganhar muito dinheiro, ter os melhores carros e as melhores roupas significa que a pessoa é rica. Tanto é verdade que sempre que um ator famoso, ex-jogador de futebol ou cantor perde tudo, isso vira uma grande notícia. As pessoas pensam: "Como uma pessoa que ganhou milhões de reais conseguiu quebrar?". A resposta é muito simples: eles viviam acima das possibilidades. Mesmo tendo muito dinheiro, eles gastavam ainda mais do que ganhavam.

Assim como quem ganha mil reais por mês e vive de salário em salário, esses "falsos ricos" também viviam de salário em salário, cachê em cachê. E, no momento em que perderam essa renda principal, não tinham mais nada e quebraram.

O problema é exatamente este: assim como quem ganha mil reais e tem problemas financeiros, quem ganha "rios de dinheiro" não se dá por satisfeito até gastar tudo que recebeu naquele mês – e mais alguma coisa. Ele se preocupa muito mais em parecer rico (comprando bens de consumo) do que em ser rico (adquirindo ativos). Se ganha mil reais, gasta 1,2 mil. Se ganha 10 mil reais, gasta 12 mil. Ganha 50 mil reais? Gasta 60 mil... A verdade é que uma pessoa que ganha muito dinheiro está suscetível às mesmas armadilhas que uma que ganha pouco.

Disciplina e planejamento financeiro

Um grande erro que as pessoas cometem é pensar que ganham muito pouco para precisar se preocupar em ter um planejamento financeiro, bons hábitos financeiros e disciplina.

Quanto mais cedo você aprender a lidar com seu dinheiro, melhor. E, ao mesmo tempo, nunca é tarde demais para aprender. Ou seja: você não é muito novo para planejar sua vida financeira, nem muito velho para planejar sua vida financeira. Também não é preciso ter muito dinheiro ou muito conhecimento para começar a investir, como não é necessário ser rico para ter bons hábitos financeiros ou se livrar de crenças limitantes em relação ao dinheiro.

Falta de dinheiro ou falta de prioridade?

Perceba como tanto quem ganha muito quanto quem ganha pouco compartilham os mesmos problemas financeiros. Talvez o cenário e o montante de cada um sejam diferentes, mas os problemas são os mesmos.

A razão é que mais dinheiro não é solução para a falta de disciplina e de planejamento financeiro. Ter mais dinheiro não lhe dará mais disciplina, por exemplo, pois, se não consegue viver com 3 mil reais por mês, você também não será capaz de viver com 30 mil reais por mês. Por isso, é melhor aprender a lidar com seu dinheiro enquanto ganha pouco do que esperar começar a ganhar muito para se "preocupar" com isso.

Invista na sua educação financeira. Isso vai fazer uma grande diferença em seu futuro.

O que mais ouço são pessoas dizendo: "Não tenho dinheiro para comprar este livro", "Estou passando por problemas financeiros, por isso não comprei aquele curso", "Gostei muito daquele seminário, mas achei caro". Na maioria dos casos, o problema não é a falta de dinheiro, mas a falta de prioridade.

Não é que você não tenha dinheiro, mas preferiu utilizá-lo para comprar uma camisa de 100 reais, ou uma calça de 200 reais, ou ainda um smartphone de 2 mil reais. Em outras palavras, você priorizou o consumo em detrimento da sua educação financeira.

Sempre que pensar que não tem dinheiro para adquirir conhecimento, reflita bem se o problema é realmente a falta de dinheiro ou a falta de prioridade. Lembre-se sempre desta frase de Derek Bok, ex-reitor da conceituada Universidade Harvard, nos Estados Unidos: "Se você acha que educação é cara, experimente a ignorância".

CAPÍTULO 2
DINHEIRO E EMOÇÕES: UMA COMBINAÇÃO PERIGOSA

CAPÍTULO 2
DINHEIRO E EMOÇÕES: UMA COMBINAÇÃO PERIGOSA

Autossabotagem: a principal causa de problemas financeiros

É difícil acreditar que podemos nos autossabotar quando se trata de dinheiro. Mas infelizmente isso acontece e é uma das principais causas dos problemas financeiros.

Acredito que somos os responsáveis por nossos problemas financeiros, pois tomamos importantes decisões sob a influência de emoções. Psicólogos e cientistas que estudam economia comportamental têm descoberto coisas surpreendentes sobre como tomamos decisões financeiras, especialmente quando estamos "sob pressão". E o que eles constataram mudou completamente o modo como entendemos a psicologia do sucesso e fracasso em relação ao dinheiro e à riqueza.

Entendendo o relacionamento emocional com o dinheiro

Você já ouviu alguma vez o famoso conselho do mercado de ações que diz "compre barato, venda caro"?

Parece bastante simples, não é mesmo? Na verdade, podemos deixar essa regra ainda mais clara colocando desta forma:

- Se você comprar uma boa ação e seu preço cair, compre mais;
- Se você comprar uma boa ação e seu preço subir, venda.

Mas o que a maioria dos investidores faz? Quando compram uma ação e ela se desvaloriza, eles vendem (com medo de perder mais dinheiro). E, quando compram uma ação e ela se valoriza, eles compram mais (empolgados com o resultado e acreditando que o preço vai subir eternamente). Esse comportamento faz com que a maioria dos investidores perca dinheiro. Por quê? Porque nós nos sabotamos, financeiramente falando.

Tomada de decisões financeiras sob a influência de emoções

A "autossabotagem financeira" é uma das situações mais perigosas que podemos enfrentar em nossa vida. E já adianto duas regras que você deve seguir imediatamente em sua vida financeira:

1. Você não pode tomar uma boa decisão de compra quando estiver excitado ou empolgado.
2. Você não pode tomar uma boa decisão de venda quando estiver com medo.

Capítulo 2 - Dinheiro e emoções: uma combinação perigosa

Aqui está o motivo: quando tomamos uma decisão financeira sob a influência dessas emoções, vamos nos autossabotar na maioria das vezes. Para entender isso melhor, devemos fazer outra pergunta: O que são emoções?

Fiz algumas pesquisas rápidas sobre o que são emoções e encontrei respostas diferentes para a mesma pergunta. O fato é que ninguém consegue explicar exatamente o que uma emoção é. O objetivo aqui não é discutir a fundo sobre psicologia comportamental. Porém, você sem dúvida já percebeu que uma forte emoção pode, literalmente, mudar sua personalidade de maneira instantânea. Você nota como "se transforma numa pessoa diferente" quando está sentindo uma forte emoção, como raiva, medo ou felicidade?

Fazendo uma rápida analogia, emoções são como diferentes "personagens" que podemos assumir temporariamente, e cada personagem possui uma personalidade completamente diferente, com um conjunto distinto de comportamentos. Quando estamos "sob a influência" de determinado tipo de emoção, pensamos completamente diferente e nos comportamos completamente diferente do que se estivéssemos sob a influência de outro tipo de emoção. Então, ao mudar de emoção, você muda a maneira como pensa. E também a forma como se comporta.

Como as emoções afetam a maneira como você compra ou vende?

Você para na frente de uma loja, vê algo que quer comprar e fica empolgado. Então o que faz? A famosa compra por impulso. Pode ser uma nova TV, carro, computador, roupa, sapato... Vemos, gostamos, compramos.

E o que geralmente acontece depois que fazemos uma compra por impulso... um, dois ou três dias depois? Começamos a "voltar à realidade" e descobrimos que não apenas não precisávamos do que acabamos de comprar, mas também não devíamos ter gastado aquele dinheiro. Em outras palavras, surge um sentimento de remorso. Sentimos, literalmente, uma "minidepressão" por ter tomado aquela decisão de compra.

Agora vamos pensar no outro lado da moeda: nós nos metemos em situações financeiras nas quais ficamos com medo de que algo ruim possa acontecer conosco. Por conta desse medo, vendemos alguma coisa para conseguir dinheiro rapidamente.

E quando vendemos alguma coisa com pressa – por estarmos com medo ou urgência – conseguimos o melhor preço possível? Claro que não!

Você provavelmente já deve ter visto placas espalhadas pela sua cidade com frases como "Compramos seu carro à vista" ou "Compramos ouro. Pagamos em dinheiro". Por que acha que essas placas estão espalhadas por aí? Só há uma razão para isso: é porque... isso funciona!

Todo mundo passa por momentos de apertos financeiros. Quando você está desesperado e com medo, venderá bens por valores muito menores do que valem realmente.

Logo, se você combinar ambas as situações – 1) comprar e pagar caro quando está empolgado e 2) vender coisas quando está com medo e receber um valor muito abaixo do mercado – e fizer isso durante toda a sua vida, certamente ficará como a maioria das pessoas: quebrado e dependente dos outros.

Duas regras para o sucesso financeiro

Na maioria dos casos:

- Se pretende fazer uma compra de **menor** valor, espere pelo menos **uma semana** antes de concluí-la;
- Se pretende fazer uma compra de **maior** valor, espere pelo menos **um mês** antes de fechar negócio.

O principal objetivo aqui é incentivá-lo a parar, sempre que possível, de fazer compras por impulso. Pois, quando você toma a decisão de parar de comprar por impulso, está dando o primeiro passo para sua liberdade financeira e começa a conscientemente construir o sucesso financeiro para o seu futuro. Você aprenderá algo importante quando tomar essa decisão: que vai conseguir sobreviver sem aquilo que deixou de comprar. E começará a compreender que você é, na verdade, mais feliz dessa forma, ao deixar de comprar certas coisas.

Mais duas regras para o sucesso financeiro

Na maioria dos casos:

- Não venda nenhum bem de valor quando estiver sob a influência do medo;
- Não venda nenhum bem de valor antes de consultar um especialista (que possa avaliar seu bem a preço de mercado).

Quando estamos com medo, ficamos desesperados e tipicamente nos isolamos. Sentimos que ninguém poderá entender como uma situação ruim realmente é. E, como ninguém poderia entender nossa situação, tomamos decisões sem receber um bom conselho e, na maioria das vezes, "quebramos a cara" no longo prazo.

Portanto, não se isole quando estiver com medo e não venda seus bens ou seu trabalho por menos do que eles realmente valem. Também não adie a busca pela solução do problema financeiro, para que não seja tarde demais e você já esteja contra a parede. Assim que perceber que está numa situação financeira complicada, assuma a responsabilidade e aja imediatamente.

Pesquise bastante e procure a ajuda de profissionais ou pessoas que já passaram por uma experiência semelhante. Deixe o ego de lado, esqueça a necessidade de "manter o status social", conte sobre sua situação e se aconselhe com quem sabe o que está falando.

Na maioria dos casos, alguém com experiência será capaz de dar as diretrizes para você resolver o problema sem precisar sacrificar boa parte do patrimônio (físico ou intelectual) que você criou ao vender seus bens, seu tempo ou coisas que lhe são valiosas por míseros reais.

Novamente: não compre quando estiver empolgado e não venda quando estiver com medo. Você perde bastante em ambos os casos.

Uma dica importante: ainda mais perigoso que comprar quando estiver empolgado e vender quando estiver com medo é usar o cartão de crédito, pegar um empréstimo ou fazer um financiamento quando se está empolgado ou com medo. Lembre que fazer empréstimos ou usar cartões de crédito estando sob a influência de emoção multiplicará o tamanho do problema.

Capítulo 2 - Dinheiro e emoções: uma combinação perigosa

Recapitulando...

Vimos que – infelizmente – sabotamos a nós mesmos, financeiramente falando. Também vimos como as emoções podem influenciar negativamente nossa tomada de decisões financeiras.

Para controlar as compras por impulso e as vendas por medo, devemos seguir algumas regras (na maioria dos casos):

- Se pretende fazer uma compra de menor valor, espere pelo menos uma semana antes de concluí-la;
- Se pretende fazer uma compra de maior valor, espere pelo menos um mês antes de fechar negócio;
- Não venda nenhum bem de valor quando estiver sob a influência do medo;
- Não venda nenhum bem de valor antes de consultar algum especialista (que possa avaliar seu bem a preço de mercado).

Ao seguir essas regras, você dará um importante passo para melhorar sua vida financeira, acumular riqueza e, no futuro, alcançar a liberdade financeira.

Pense numa situação em que realizou uma compra de maior valor por impulso e se arrependeu depois. Como se sentiu e o que faria de diferente no futuro, após esse aprendizado? Agora pense numa situação na qual estava com medo e teve grande perda financeira posteriormente. Como se sentiu e o que faria de diferente no futuro, após esse aprendizado?

Medo: o principal bloqueio emocional para seu sucesso (e como superá-lo)

Se você passa a maior parte do tempo vivendo no medo, vai encontrar grande dificuldade em criar qualquer tipo de sucesso duradouro em sua vida.

Mais adiante, vou explicar como o medo nos influencia e compartilhar como você uma dica incrível para ajudá-lo a não ser influenciado pelo medo. Mas, primeiro, gostaria de citar frases de dois esportistas considerados número 1 em seus respectivos esportes.

"Você desperdiça 100% das tentativas que não coloca em prática na sua vida." – Wayne Gretzky, tido como o maior jogador de hóquei sobre o gelo da história.

"Eu errei mais de 9 mil arremessos durante minha carreira. Perdi quase trezentos jogos. Em 26 vezes, confiaram em mim para fazer a cesta da vitória, e eu errei. Falhei uma vez, falhei novamente, e outra vez na minha vida. E é por isso que obtive sucesso." – Michael Jordan, maior jogador da história do basquete.

Quando você está sob a influência de alguma emoção, isso muda a maneira como interpreta certas coisas e até como age. Se alguém lhe disser algo e você estiver num estado de grande alegria, vai ouvir e interpretar positivamente. Mas, se estiver num estado de medo aterrorizante, vai interpretar completamente diferente.

O grande problema é que o medo domina todas as outras emoções de maneira bastante negativa.

O que é o medo?

O medo é uma emoção importante, pois tem a função de nos proteger. No entanto, nos dias atuais, somos manipulados pela mídia, pelo governo e até mesmo durante nossa formação acadêmica para nos sentirmos inseguros, de modo que o medo passa a ter a função de nos aprisionar.

Acredito que o medo limite as pessoas muito mais que qualquer outra coisa em suas vidas, muito além do que se pode imaginar. Se você aprender a dominar seu medo, estará dando o primeiro passo para ter o controle de sua vida.

Para ajudar você, gostaria de compartilhar uma dica que ensinei para algumas pessoas, que ficaram muito gratas após colocá-la em prática. Nós sabemos quando estamos com nosso astral elevado e quando estamos de baixo astral. E por alto astral eu quero dizer emoções positivas em nossos pensamentos lógicos, nos quais conseguimos enxergar as coisas como elas realmente são e sabemos que tudo vai ficar bem.

Já no caso do baixo astral, somos dominados pelo medo, pela ansiedade, pelo pessimismo. Ficamos com receio de que coisas ruins possam acontecer. Pensamos apenas em coisas negativas e nada agradáveis.

Acredito que você saiba do que estou falando. Quando estamos com o astral elevado, tudo fica bem. Do contrário, as coisas não parecem tão bem assim... Falando de mim, consigo perceber quando estou cruzando a linha entre o alto e o baixo astral.

Sabe um daqueles dias ruins, em que uma coisa após a outra não dá certo, surgem más notícias, e você começa a se sentir cansado, mal-humorado e pessimista? Certamente você já passou por isso.

Percebo que minha postura muda e começo a raciocinar de forma diferente. Também noto isso quando estou com o astral elevado. Consigo sentir que as coisas estão indo bem, me sinto otimista, sinto que, independentemente do tamanho do desafio que está pela frente, conseguirei superá-lo, que tudo vai dar certo. E, se eu consigo perceber quando estou migrando de uma área para outra, você também consegue perceber.

Uma dica poderosa para lidar com o medo

Então aqui vai uma dica, que é bastante simples, porém muito poderosa. Quando você estiver se sentindo de baixo astral, não realize decisões importantes, não faça comunicados importantes, não tome nenhuma ação importante. Dando exemplos mais práticos, não tome decisões de compras, não faça nada em relação aos seus investimentos... **Enfim, não aja sob a influência do medo**.

Por outro lado, quando você estiver com o astral elevado, é justamente quando deve tomar decisões importantes, comunicar-se e agir em relação a coisas importantes.

Por essa razão, estabeleça como principal prioridade na sua vida retornar ao estado de alto astral sempre que perceber que está para baixo. Ligue para um amigo que sabe que vai fazer você rir, por exemplo. O simples fato de dar uma boa gargalhada já eleva seu astral, e você passa a notar que tudo está bem novamente. Assista a um filme inspirador, leia um livro interessante, escute suas músicas preferidas, saia para uma caminhada... Enfim, faça qualquer coisa que devolva seu alto astral. Crie o hábito de estar sempre com o astral elevado, não importa o que aconteça.

Saiba como dominar seus medos

Além desse lado mais psicológico, muitas vezes sentimos medo por conta da falta de conhecimento. Alguns têm medo de investir. Medo de abrir o negócio que tanto sonham. Receio de largar aquele emprego chato, no qual não têm prazer algum em executar suas atividades.

Como disse anteriormente, algumas vezes você não consegue tomar tal decisão por saber pouco sobre o que está por vir. Em outros casos, é apenas pelo medo em si, que paralisa. Você sabe, no fundo, que já tem tudo o que é necessário para agir, mas fica congelado por conta do medo. Para proteger-se das influências negativas, sejam da sua própria criação, sejam resultado de atividades de pessoas negativas que o cercam, reconheça que possui força de vontade, colocando-a em uso constante até formar um muro de imunidade contra influências sobre sua mente.

Reconheça o fato de que você e todo o ser humano são, por natureza, preguiçosos, indiferentes e suscetíveis às sugestões que se harmonizam com suas fraquezas. Reconheça que influências negativas muitas vezes são exercidas sobre seu subconsciente, o que torna difícil captá-las, e conserve a mente fechada contra as pessoas que o deprimem ou desanimam de algum modo. Procure, deliberadamente, a companhia de gente que o influencie a pensar e agir por si. E não espere por problemas, pois eles têm o costume de não desapontar você.

Sem dúvida, a fraqueza mais comum dos seres humanos é deixar a mente aberta à influência negativa dos outros. Essa fraqueza é ainda mais prejudicial porque a maioria das pessoas não reconhece que carrega consigo a "maldição", e os que a reconhecem deixam de corrigi-la ou se recusam a corrigi-la, até ela se tornar parte incontrolável de seus hábitos diários.

A diferença que o controle mental faz

Você só tem controle absoluto sobre uma coisa: seus pensamentos. Esse privilégio é o único meio pelo qual pode controlar seu destino. Se não conseguir controlar a mente, tenha certeza de que não poderá controlar mais nada.

Se tiver de ser descuidado com aquilo que possui, que o seja com relação às coisas materiais. A mente é sua propriedade espiritual. Projeta-a e use-a com cuidado. Para isso, existe a força de vontade.

Controle mental é resultado de autodisciplina e hábito. Ou você controla a mente, ou ela o controla. Não há meio-termo. O método mais efetivo para controlar a mente é o hábito de manter-se ocupado, com propósito definido, apoiado em um plano preestabelecido.

Estude a história de qualquer homem que tenha alcançado sucesso notável e observará que ele tem controle sobre a mente, além de exercer o controle e dirigi-lo para a realização de objetivos definidos. Sem esse controle, o sucesso não é possível.

O hábito fatal ao sucesso

As pessoas que não obtêm êxito possuem um traço em comum: conhecem todas as razões do fracasso e têm o que acreditam ser álibis incontestáveis para explicar sua falta de realizações. Isso foi identificado por Napoleon Hill, autor do livro *Pense e enriqueça*, publicado em 1937. Criar desculpas para explicar o fracasso é algo comum e fatal ao sucesso.

Por que as pessoas se agarram às desculpas favoritas? A resposta é óbvia. Defendem essas justificativas porque as criam. O álibi é fruto de sua imaginação. É da natureza do homem defender tudo criado por seu cérebro. Criar álibis é um hábito profundamente enraizado. É difícil romper hábitos, especialmente quando são uma justificativa de algo que fazemos.

Platão pensava nessa verdade ao dizer: "A primeira e melhor vitória é conquistar a si mesmo. Ser conquistado por si mesmo é a mais vergonhosa e vil das coisas".

Você tem o privilégio de criar, em sua mente, um desejo ardente por qualquer objetivo definido que deseja alcançar. É o que Napoleon Hill chama de **chave-mestra**. Não há penalidade imposta pelo uso dessa chave, mas há um preço a pagar se não a usar – o preço é o fracasso. E há um prêmio de proporções incalculáveis se puser a chave em uso – a satisfação que atinge aos que conquistam a si mesmos e forçam a vida a pagar o que lhe pedem. O prêmio vale o esforço.

Recapitulando...

Se você passa a maior parte do tempo vivendo no medo, vai encontrar grande dificuldade em criar qualquer tipo de sucesso duradouro em sua vida. O medo é uma emoção importante, pois tem a função de nos proteger. No entanto, nos dias atuais, somos manipulados para nos sentirmos inseguros, de modo que o medo passa a ter a função de nos aprisionar.

Uma dica poderosa: quando estiver se sentindo de baixo astral, não realize nenhuma ação importante. **Não aja sob a influência do medo.** Por outro lado, quando estiver com o astral elevado, é justamente o momento em que deve tomar decisões importantes, comunicar-se e agir em relação a coisas importantes.

Além desse lado mais psicológico, muitas vezes sentimos medo pela **falta de conhecimento**. Algumas vezes, você não consegue tomar tal decisão por saber pouco sobre o que está por vir. Em outros casos, é apenas pelo medo em si, que o deixa paralisado. Você sabe, no fundo, que já tem tudo o que é necessário para agir, mas fica congelado por conta do medo.

A fraqueza mais comum dos seres humanos é deixar a mente aberta à influência negativa dos outros. Você só tem controle absoluto sobre uma coisa: **seus pensamentos**. Esse privilégio é o único meio pelo qual você pode controlar seu destino. Se não conseguir controlar a mente, tenha certeza de que não pode controlar mais nada.

As pessoas que não obtêm sucesso possuem algo em comum: sabem todas as razões do fracasso e têm o que acreditam ser desculpas irrefutáveis para explicar sua falta de conquistas. Você então tem duas opções a partir de agora:

1. Continuar focando no problema, sempre buscando desculpas para justificar seus insucessos;
2. Concentrar-se na solução, direcionando os pensamentos e as ações para alcançar seus maiores objetivos.

Tenha uma mentalidade de enriquecimento

O primeiro passo para qualquer mudança é a conscientização. Em outras palavras, você só vai conseguir pensar da mesma forma que pessoas prósperas se souber como elas pensam.

As pessoas prósperas pensam de modo muito diferente de quem tem uma mentalidade voltada para a pobreza. Seus pensamentos se distinguem em matéria de dinheiro, de riqueza, de si próprias, de outras pessoas e de praticamente todos os aspectos da vida.

Aprendi isso com T. Harv Eker, autor do livro *Os segredos da mente milionária*, e vou compartilhar agora com você minha lição preferida. Antes de apresentar o método para mudar sua vida financeira, vou mostrar essas principais diferenças para auxiliá-lo nesse recondicionamento. Assim ficará mais fácil perceber quando você estiver raciocinando como um indivíduo de mentalidade pobre ou como alguém com visão de classe média, e mudar conscientemente para o modo de pensar de pessoas prósperas.

Lembre-se: você pode optar por maneiras de pensar favoráveis à sua felicidade e ao seu sucesso e deixar de lado as formas negativas. Somos criaturas de hábitos, e existem dois tipos de hábitos: os de fazer e os de não fazer. Tudo o que você não está fazendo neste momento você tem o hábito de não fazer, e a única maneira de mudar isso é fazendo.

Você é o único responsável pelo seu sucesso financeiro

As pessoas ricas acreditam na seguinte ideia: "Eu crio a minha própria vida". Por outro lado, as pessoas de mentalidade pobre acreditam na seguinte ideia: "Na minha vida, as coisas acontecem". Essa é a diferença básica entre as pessoas que assumem responsabilidades e aquelas que se vitimizam.

Se deseja prosperar, é essencial acreditar que está no comando da sua vida financeira. Caso contrário, você tem uma crença enraizada de que exerce pouco ou nenhum controle sobre sua própria vida e, consequentemente, de que exerce pouco ou nenhum controle sobre o seu sucesso financeiro.

Você precisa acreditar que é você mesmo quem conquista o próprio êxito e que é responsável pelo resultado da batalha pelo dinheiro e pelo sucesso.

O problema é que, em vez de assumirem a responsabilidade pelo que acontece na própria vida, as pessoas de mentalidade pobre preferem se colocar como vítimas. E uma vítima sempre comete um destes três erros:

- Coloca a culpa nos outros;
- Procura uma justificativa;
- Vive reclamando da vida.

A vítima põe a culpa na economia, no governo, na bolsa de valores, no ramo de negócio em que atua, no patrão, nos empregados, no cônjuge, em Deus ou nos pais. A culpa sempre é de outra pessoa ou de outra coisa. Nunca dela própria. E quando não está culpando alguém, ela justifica sua situação dizendo algo do tipo: "O dinheiro não é assim tão importante". Faça uma rápida reflexão. Se disser a seu cônjuge ou parceiro de negócio que ele não é tão importante, ele ficaria muito tempo com você? Provavelmente não.

Com o dinheiro é a mesma coisa. Toda pessoa que diz que dinheiro não é importante não tem dinheiro algum. O pior é ouvir comparações totalmente irrelevantes, do tipo: "O dinheiro não é mais importante que a felicidade" ou ainda "O dinheiro não compra felicidade". Isso não faz o menor sentido. Afinal, o que é mais importante: seu braço ou sua perna? É óbvio que ambos têm importância.

Por último, a vítima adora reclamar da vida. Queixar-se é a pior coisa que você pode fazer por sua saúde e riqueza. Por quê? Porque, quando se queixa, no que está se concentrando: naquilo que está certo ou no que está errado em sua vida? Quando reclama, está atraindo coisas ruins para sua vida. Portanto, pare de reclamar e, se possível, procure não ficar na companhia de pessoas que vivem reclamando de tudo.

Capítulo 2 - Dinheiro e emoções: uma combinação perigosa

Recapitulando...

O primeiro passo para qualquer mudança é a conscientização. Você é o único responsável pelo seu sucesso. O problema é que, em vez de assumirem a responsabilidade pelo que acontece na sua própria vida, algumas pessoas preferem se colocar como vítimas.

Vimos que uma vítima sempre comete um destes três erros:

- Coloca a culpa nos outros;
- Procura uma justificativa;
- Vive reclamando da vida.

E você pode escolher ser uma vítima ou alguém rico, **nunca as duas coisas ao mesmo tempo**. Você cria tudo o que existe e o que não existe em sua vida. A riqueza, a falta de riqueza e todas as possibilidades que estão no meio do caminho.

Você é 100% responsável por tudo de ruim que aconteceu até agora ou que venha a acontecer, e é merecedor de tudo de bom que conquistou até agora ou venha a conquistar.

Você pode optar por deixar as rédeas das suas finanças nas mãos de terceiros ou assumir o controle da sua vida financeira.

O que acha de colocar em prática essa mudança de mentalidade e organizar sua vida financeira a partir de agora?

CAPÍTULO 3
UMA NOVA MENTALIDADE FINANCEIRA: COMO COLOCÁ-LA EM PRÁTICA

CAPÍTULO 3
UMA NOVA MENTALIDADE FINANCEIRA: COMO COLOCÁ-LA EM PRÁTICA

Para colocar em prática essa nova mentalidade financeira, você precisará ter disciplina, equilíbrio e um padrão de vida voltado para o que realmente importa.

Disciplina

Autodisciplina é o fator mais importante para o sucesso. E, quando eu falo em sucesso, quero dizer de forma abrangente mesmo. E não apenas para poupar regularmente, investir com qualidade e acumular riqueza. Existem vários fatores muito importantes para obter sucesso em sua vida financeira, como planejamento e equilíbrio. Mas, na minha opinião, a disciplina é o mais importante deles, pois ela é quem vai guiar suas ações, considerando que foram planejadas com equilíbrio.

Aqui, você vai aprender:

- Por que a disciplina é o fator mais importante para o sucesso;
- Como é possível obter mais de 100% de rentabilidade ao ano "apenas" sendo disciplinado;
- Como combater a falta de disciplina.

Disciplina: fator mais importante para o sucesso

No final da década de 1960 e começo da década de 1970, o psicólogo Walter Mischel, professor da Universidade Stanford, conduziu uma série de estudos sobre gratificação postergada.

Nesses estudos, uma criança podia escolher entre receber imediatamente uma pequena recompensa, em geral um marshmallow, e ganhar dois somente após o retorno do experimentador (cerca de quinze minutos depois). Em outras palavras, ela deveria escolher entre obter uma gratificação instantânea e postergar a gratificação, mas sendo mais bem recompensada por isso.

Mais tarde, em 1988, Mischel realizou estudos de acompanhamento com as mesmas pessoas (que já não eram mais crianças) e observou uma inesperada correlação entre o "teste do marshmallow" e o sucesso delas anos depois. As crianças que optaram por esperar o retorno do experimentador para receber dois marshmallows se tornaram adultos financeiramente mais bem-sucedidos. O estudo mostra que autodisciplina é a habilidade de postergar (adiar) a gratificação. E, portanto, ela é o fator mais importante para o sucesso. A grande sacada é que ser disciplinado pode trazer sucesso em qualquer área da sua vida.

Agora vamos falar exclusivamente sobre a sua vida financeira. Quando recebe seu salário, você basicamente tem duas opções:

Capítulo 3 - Uma nova mentalidade financeira: como colocá-la em prática

- Gastá-lo imediatamente;
- Poupar uma parte para futuro (e ser gratificado por isso).

Todo mundo gosta de fazer compras, não é mesmo? A sensação em entregar seu dinheiro para o vendedor e receber imediatamente sua recompensa (roupas, sapatos, carros...) é muito prazerosa. Por outro lado, aplicar parte da sua renda numa aplicação financeira com foco na aposentadoria não parece muito atrativo. Afinal, qual recompensa você recebe imediatamente? Nenhuma!

É aí que entra a habilidade de fazer uma viagem no tempo e conseguir enxergar os benefícios de postergar a gratificação e ser muito bem recompensado por isso. Quando você percebe esse benefício, fica muito mais fácil se habituar a poupar mensalmente e investir no futuro.

100% de rentabilidade ao ano!

Vou contar agora uma rápida história que ocorreu com um amigo. Ele havia se programado para investir mil reais todos os meses durante o ano de 2010. Durante boa parte de 2009, ele havia se "preparado", fazendo cursos de investimento em ações, análise técnica, entre outros cursos avançados. Ao conversarmos, no início de 2011, questionei sobre seus investimentos. Recebi a seguinte resposta:

"Consegui investir mil reais no primeiro mês, conforme planejado, mas tive problemas nos meses seguintes, quando nunca conseguia aplicar o valor integral. Houve meses em que não consegui investir nada, pois surgiram outros compromissos financeiros ou gastos desnecessários."

No final das contas, essa pessoa terminou o ano com aproximadamente 6 mil reais. O que isso significa?

Significa que, se tivesse disciplina e guardado mensalmente mil reais "embaixo do colchão" (obviamente, não recomendo isso), teria acumulado exatamente 12 mil reais, obtendo uma rentabilidade de 100% em um ano – e não uma perda de 6 mil reais por falta de disciplina). Por mais óbvio que isso seja, a grande maioria das pessoas não consegue ser disciplinada e seguir o que elas mesmas planejam.

Seis passos simples para combater a falta de disciplina

Um dos maiores problemas que as pessoas enfrentam é a falta de disciplina. Todos têm objetivos a alcançar, mas a falta de disciplina impede – muitas vezes – essa conquista.

Por conta disso, nós nos penalizamos ou achamos que não somos disciplinados o suficiente para alcançarmos nossos objetivos. E esse pensamento nos conduz a mais falhas, porque estamos moldando a mentalidade de que não temos a disciplina necessária. E, como vimos no início do capítulo, a disciplina é o fator mais importante para o sucesso (estou repetindo propositalmente, como exercício de fixação).

Aqui está o que fazer quando você enfrentar uma situação como essa:

1) Perdoe-se

Você não é perfeito. Ninguém é. Recriminar-se apenas tornará a situação pior. Respire fundo, lentamente, e deixe isso para lá. Perdoe-se. E siga em frente.

2) Entenda que a disciplina é uma ilusão

Mesmo a disciplina sendo um conceito largamente conhecido, na verdade ela não pode ser colocada em prática, uma vez que não é uma coisa que você possa realmente fazer. Pense sobre isso: as pessoas dizem que ter disciplina é se esforçar para fazer algo que não querem fazer. Mas como se faz isso? Que habilidade é necessária? Não há uma habilidade. Trata-se apenas de se comprometer a realizar algo que não quer fazer. E isso requer... motivação. Sem motivação, você não será capaz de se comprometer com absolutamente nada. Então a motivação é o principal conceito. E isso é algo real, que você pode aprender como fazer.

3) Foque na motivação

Qual a sua motivação para perseguir determinado objetivo? Como mantém a motivação quando está fazendo um grande esforço? Tenha motivações bastante fortes para realizar algo. Quando as coisas ficarem complicadas, lembre-se de sua motivação. Foque nisso. Ela vai levar você para a frente – que é mais poderoso do que tentar focar no esforço da disciplina. Em vez de tentar ficar se controlando para não gastar (apenas porque economizar é importante), lembre-se de que qualquer gasto desnecessário (gratificação instantânea) vai afastá-lo do carro que pretende trocar, da tão sonhada viagem ou mesmo da casa própria (gratificação adiada). Focar no que o motiva é bem mais efetivo que focar no esforço exigido pela disciplina.

4) Torne mais fácil

A disciplina é árdua porque, qualquer que seja a tarefa que você pretende fazer, ela é dura. Em vez disso, torne essa tarefa mais fácil; remova barreiras. Você está tendo dificuldade em se exercitar? Torne isso ridiculamente fácil, exercitando-se apenas por cinco minutos. Mas qual a utilidade de se exercitar por apenas cinco minutos? Você estará criando um hábito, e não entrando em forma da noite para o dia. Esses cinco minutos de exercício terão um mínimo impacto em sua saúde e bem-estar, mas farão com que se exercitar se torne muito fácil. Se conseguir fazer isso por trinta dias consecutivos, terá um hábito de exercício. Você detesta acordar cedo para ir à academia? Exercite-se em casa. Malhe no horário de almoço ou após o trabalho.

5) Foque no prazer

É difícil se esforçar – para ter disciplina – quando você detesta fazer algo. Se detesta correr ou treinar na academia, tente fazer isso ouvindo uma boa música ou encontre um amigo para lhe fazer companhia. E foque nesse aspecto divertido. Encontre meios de transformar suas tarefas em algo animado e sempre mantenha o foco no que o motiva a fazer aquilo, e não em simplesmente "fazer porque tenho que fazer".

6) Repita

Você certamente vai deslizar algumas vezes, não importa quão disciplinado seja. Infelizmente as pessoas tendem a interpretar isso como falta de disciplina e então se recriminam e desistem. Bem, isso é apenas um obstáculo no caminho. Levante-se, sacuda a poeira e faça novamente: recomece do Passo 1.

Capítulo 3 - Uma nova mentalidade financeira: como colocá-la em prática

Recapitulando...

"A distância entre sonho e realidade chama-se disciplina."

Você aprendeu que:

- A disciplina é o fator mais importante para o sucesso;
- É possível obter resultados financeiros fantásticos "apenas" sendo disciplinado;
- Pode-se combater a falta de disciplina.

Não é fácil ser disciplinado. Abrir mão da recompensa instantânea é duro. Principalmente se você não encontra a motivação necessária para isso. Encontrar a motivação para ser disciplinado nada mais é que enxergar os benefícios da gratificação adiada. Ter uma aposentadoria tranquila no futuro não é muito melhor que comprar agora uma roupa de marca? Acumular dinheiro para comprar a casa própria não é muito mais gratificante que trocar de carro todo ano? Encontre a motivação necessária para alcançar seus objetivos financeiros, planejar seu orçamento e controlar suas despesas.

Por fim, compartilho a definição de felicidade dada por Stephen Covey, autor do magnífico livro *Os 7 hábitos das pessoas altamente eficazes*:

"A felicidade pode ser definida, pelo menos em parte, como o fruto da habilidade e do desejo de sacrificar o que queremos agora, em função do que queremos futuramente."

Equilíbrio

O segredo para seu sucesso financeiro está em três características muito importantes: planejamento, disciplina e equilíbrio.

Para vivermos muito bem no presente e no futuro, precisamos de um planejamento bem-feito, disciplina para segui-lo à risca e equilíbrio para balanceá-lo de maneira a atender os anseios e desejos de hoje e as necessidades de amanhã.

Já falamos sobre disciplina – a etapa do planejamento será abordada no próximo capítulo. Agora chegou o momento do equilíbrio, tão importante para você conseguir aproveitar o presente sem deixar de se preocupar com o futuro.

Viver ou juntar dinheiro?

Um dos grandes dilemas da nossa vida financeira é se devemos nos preocupar demais com nosso futuro, poupando o máximo possível (e deixando o presente um pouco de lado), ou se devemos viver intensamente o presente, pois "ninguém sabe o dia de amanhã". Mas será que não é possível encontrar um meio-termo? Particularmente, acredito que sim.

Duas grandes ameaças rondam nossas ações no tempo. São como ilusões de ótica, alterações de foco na visão que temos do presente e do futuro.

Miopia temporal

A "miopia temporal" é uma delas. A miopia temporal é pecar pelo excesso de imediatismo e de impaciência. O prazer do momento nos faz sonhar acordado e esquecer o amanhã.

Capítulo 3 - Uma nova mentalidade financeira: como colocá-la em prática

Na medicina, a miopia é a dificuldade de enxergar o que está distante. O míope consegue ver bem o que está próximo, mas tem dificuldade de ver o que está longe.

Por isso, a miopia temporal ocorre quando damos um valor exagerado ao que está próximo de nós no tempo, em prejuízo do que se está mais afastado. Parece fácil corrigir a miopia quando a tentação anda longe: é como jurar não exagerar na bebida quando se está de ressaca ou decidir começar a dieta na segunda que vem.

Hipermetropia temporal

A "hipermetropia temporal" é o contrário da miopia temporal: ela acontece quando damos um valor excessivo ao amanhã em prejuízo do aqui e agora.

Na medicina, a hipermetropia é o contrário da miopia. A pessoa consegue enxergar bem o que está distante, mas tem dificuldade de ver o que está perto.

Nos casos de hipermetropia temporal, pecamos por um excesso de prudência e um temor exagerado em relação ao futuro. Preocupações perfeitamente naturais com saúde, dinheiro ou beleza podem se tornar obsessões que arruínam uma vida. O recado que fica aqui é a importância de se preocupar com o futuro, mas sem se esquecer de aproveitar o presente. De nada adianta se preparar para garantir o futuro se nos privarmos de coisas que nos façam continuamente felizes desde agora.

Não invista tudo o que sobrar. Separe um pouco também para satisfações pessoais e para ajudar/presentear pessoas que você preza.

Como seu orçamento deve considerar o equilíbrio?

Vamos analisar esta proposta de orçamento (falaremos mais sobre isso no próximo capítulo):

- 60% para a manutenção da sua família;
- 10% para investimentos (exclusivamente para a aposentadoria);
- 10% para poupança e objetivos de curto prazo (gastos imprevistos, férias, presentes etc.);
- 20% para gastar livremente (jantar fora, sair com amigos, ir ao cinema, compra roupas e sapatos).

Será que esse orçamento é equilibrado? Vejamos.

Ele propõe que 60% da receita seja utilizada para manutenção mensal da sua família. Mas isso o obriga a abrir mão dos outros 40%? Não.

Essa proposta de orçamento sugere que você utilize 10% da sua receita para investir na sua aposentadoria, além de outros 10% para se precaver de imprevistos (fundo de emergência) e alcançar objetivos de curto prazo (férias, viagens).

Mas... e o presente? Ela também se preocupa com o presente, pois determina que 20% da sua receita esteja disponível para gastos totalmente livres de culpa.

Dessa forma, você vai conseguir manter suas contas em dia (com 60% da receita), investir no futuro (20%) e curtir o presente da forma que mais gostar (outros 20%). Em outras palavras, seu orçamento será totalmente equilibrado.

É possível ter um controle rigoroso sobre o orçamento familiar, poupar para a aposentadoria e ainda assim separar uma parte do dinheiro poupado para a realização de sonhos, como uma grande viagem ou simplesmente uma saída para jantar fora com a família.

Estabilidade financeira não é apenas empatar receitas e despesas

A primeira pergunta é: da maneira como planeja e administra seus gastos, você consegue atender às suas necessidades cotidianas sem comprometer a realização de seus sonhos de compra e consumo futuros? Ou seja, consegue assegurar qualidade de vida no presente sem prejudicar a qualidade de vida no futuro?

Se quer mesmo garantir que seu dinheiro esteja sempre a serviço de sua qualidade de vida — hoje, amanhã e sempre —, precisa cuidar de promover o verdadeiro equilíbrio em sua vida financeira, o equilíbrio entre os desembolsos no passado, presente e futuro.

Quando falamos em equilíbrio financeiro, o óbvio parece ser empatar ganhos e gastos, certo? Errado. É igualmente importante balancear a distribuição de seus pagamentos não só entre os gastos em si — aí incluídos contas, compras, dívidas e seguros —, como também garantir suas economias para investir e até mesmo doar com regularidade.

Fazendo essa distribuição de seus desembolsos de forma competente, só então poderá orgulhar-se de ter conquistado equilíbrio genuíno no uso do dinheiro, com foco na qualidade de vida. Este será seu desafio: dar o melhor destino aos diversos tipos de pagamentos que faz todos os dias.

Dinheiro foi feito para gastar, mas de forma eficiente (exatamente o necessário) e eficaz (somente com o que interessa). Gastar, sim, mas apenas de modo enxuto, controlado e bem focado em suas verdadeiras prioridades relacionadas a viver bem. Hoje e amanhã.

QUERO FICAR RICO · Rafael Seabra

Recapitulando...

"Não tenhamos pressa. Mas não percamos tempo."
- José Saramago

Para vivermos com qualidade de vida plena, tanto no presente quanto no futuro, precisamos de um planejamento bem-feito, disciplina para segui-lo à risca e equilíbrio para balanceá-lo de forma a atender os anseios e os desejos de hoje e as necessidades de amanhã.

Vimos que é possível viver e juntar dinheiro. Apesar de a maioria das pessoas pensar que tem que escolher entre um ou outro, é possível ter ambos. Basta ter equilíbrio.

Mostramos também que seu orçamento deve ser pautado pelo equilíbrio. E isso existe no orçamento que propusemos até agora. Basta segui-lo com disciplina e terá uma vida financeira equilibrada, com qualidade de vida plena.

Por fim, discutimos também que equilíbrio não é apenas empatar as entradas e as saídas. Não basta apenas viver com o que se ganha. É necessário gastar com eficiência e eficácia, sempre pensando no futuro.

Padrão de vida

O que é ser rico para você? Para mim, ser rico é viver com qualidade de vida e acumular um patrimônio que gere rendimentos cada vez maiores para que eu dependa cada vez menos da renda obtida através do meu trabalho. Fazendo isso e mantendo o padrão de vida atual, atingirei meu objetivo de "ficar rico" em pouco tempo.

Certamente, cada pessoa terá uma definição diferente de "ser rico". Entretanto, não queria discutir quem está certo ou errado. Até porque alguns podem achar que ser rico nada tem a ver com ter dinheiro. E outros podem achar que apenas ter muito dinheiro já significa ser rico.

Qualidade de vida, independência financeira, padrão de vida aceitável...

Apesar de existirem infinitas definições para riqueza (e muitas seguramente serem aceitáveis), duvido que alguma delas descarte a qualidade de vida em qualquer dessas definições.

De nada adianta ter muito dinheiro se não for possível viver com qualidade. Comprar carrões ou casas enormes certamente trará uma sensação de satisfação, mas essa satisfação é efêmera, não dura muito tempo. A grande recompensa é poder passar ótimos momentos com as pessoas que amamos e vivenciar experiências enriquecedoras.

Comprar roupas de marca é legal. Comprar um carro novo também. Quem não gosta? Mas investir num negócio próprio, desenvolver produtos ou serviços que melhoram a vida das pessoas, ou mesmo fazer uma grande viagem é muito melhor.

Outro fator muito importante para o alcance (e a manutenção) da riqueza é a independência financeira. Ter muito dinheiro agora não significa que terei muito dinheiro no futuro. Se não colocarmos o dinheiro para render, um dia ele acabará. Independentemente de quanto ganhamos.

Basta fazer uma rápida pesquisa e descobrirá casos de pessoas que ganharam milhões na loteria (e em *reality shows*) e perderam tudo! Por isso que é tão importante adquirir educação financeira para aprender a economizar, poupar e investir. E para saber que essas três palavras não significam a mesma coisa.

Por último, é fundamental encontrar um padrão de vida aceitável, que seja possível levar para o resto da vida. De nada adianta receber um aumento salarial se as despesas crescerem na mesma proporção. À medida que precisamos de mais dinheiro para manter o padrão de vida, ficamos cada vez mais distantes de alcançar a independência financeira.

Existem pessoas que ganham muito dinheiro, mas vivem de maneira simples. Têm carros que não chamam a atenção e apartamentos sem muito luxo e não andam por aí apenas com roupas de grife. O problema é a dificuldade em se controlar para não gastar mais quando temos mais dinheiro. Para muitos (infelizmente), o simples fato de aumentar a receita significa automaticamente ter mais dinheiro para gastar. E isso é errado!

Sensação de liberdade ou de prisão: o que você prefere?

Quando você percebe um aumento nas suas receitas (salários, dividendos, renda extra), deveria se sentir mais próximo da liberdade. E sua liberdade é investir para alcançar a independência financeira.

Capítulo 3 - Uma nova mentalidade financeira: como colocá-la em prática

Comprar um carro ou um imóvel, na maioria das vezes, significa que você contratou um financiamento – por longos anos. E ter uma dívida sempre aprisiona. Quem está (ou já esteve) num financiamento longo sabe do que estou falando.

Estar preso é o oposto de estar livre. E prefiro infinitas vezes a liberdade e a independência. Por isso, sempre faço essa reflexão antes de tomar qualquer decisão financeira – pergunto a mim mesmo: "Essa decisão que estou prestes a tomar está me aproximando ou me afastando dos meus objetivos financeiros?".

Nada impede que alguns objetivos financeiros sejam voltados para o consumo, afinal todos nós temos desejos e anseios. Mas a maioria deve focar no crescimento do patrimônio. E a independência financeira também deve estar entre nossas prioridades.

Você é "destruidor" ou "gerador" de riqueza?

Independentemente de quanto ganhe hoje ou do quão perto esteja de ser rico, existem meios bem simples para identificar se está destruindo sua riqueza ou gerando mais. E isso passa por uma simples análise dos bens que tem adquirido.

Se, ao ganhar mais dinheiro, você opta por trocar seu carro por um melhor, comprar um apartamento maior ou uma casa de praia, é possível que esteja destruindo sua riqueza. Perceba que os custos para manter cada um desses bens são muito altos.

Em contrapartida, se, ao aumentar seus rendimentos, optar por adquirir bens que gerem rendimentos, como imóveis para alugar, aplicações financeiras, títulos públicos ou ações de empresas pagadoras de dividendos, você pode se considerar um gerador de riqueza.

Seu padrão de consumo e investimento o liberta ou aprisiona?

Utilizando o mesmo raciocínio da pergunta anterior, se seus gastos aumentam na mesma proporção que seus ganhos, é provável que fique cada vez mais dependente do seu salário para manter seu patrimônio, já que os bens que adquiriu geram predominantemente despesas.

Ao contrário, se optar por adquirir ativos que gerem majoritariamente receitas, seu custo de vida será bancado por esses rendimentos, e não por sua força de trabalho. Por esse motivo, você dependerá cada vez menos do salário para cumprir suas obrigações financeiras, estando assim cada vez mais livre.

A cada ano, você precisa de mais ou menos força de trabalho para financiar seu padrão de vida?

Essa pergunta resume muito bem as duas anteriores. Se você precisa trabalhar cada vez mais para manter seu patrimônio, é um forte sinal de que está cada vez mais preso ao trabalho e que tem destruído sua riqueza.

Por outro lado, se seus ativos têm gerado cada vez mais renda e a manutenção do seu patrimônio depende cada vez menos do seu salário, é um grande indicativo de que está (ou deveria) livre. Caso ainda trabalhe bastante, você o faz por opção, e não por necessidade.

Capítulo 3 - Uma nova mentalidade financeira: como colocá-la em prática

Recapitulando...

Vimos que, em qualquer definição de riqueza (afinal, existem várias, e muitas delas estão corretas), é essencial considerar a qualidade de vida.

De nada adianta acumular bastante dinheiro se você abrir mão de sua família e amigos, perdendo momentos preciosos e se distanciando das pessoas que ama.

Discutimos também que, para alcançar a independência financeira, é necessário estabelecer um padrão de vida aceitável e mantê-lo por vários anos, para que os aumentos de receita não onerem suas despesas na mesma proporção, comprometendo o acúmulo de riqueza.

A verdadeira riqueza não está relacionada necessariamente a quanto você ganha, mas a quanto se aproxima da liberdade financeira a cada mês. Se você aumentar seus gastos na mesma proporção, estará sempre "preso" ao dinheiro.

Faça uma reflexão sobre seu padrão de vida atual, considerando o que aprendeu aqui, e descubra como é possível buscar a liberdade financeira para você e sua família sem comprometer (obviamente!) sua qualidade de vida.

Às vezes, é preferível que utilize seus gastos livres para viagens, comer fora ou comprar roupas, por exemplo, pois essas despesas não geram gastos recorrentes.

Não entendeu? Eu explico. Quando sai para jantar ou comprar roupas no shopping, você gasta com determinado produto, e ele não continua gerando despesas nos meses seguintes. Foi aquele gasto e pronto – mas desde que seja uma compra à vista, é claro. Já na compra de um automóvel, por exemplo, mesmo que ele seja comprado à vista, continuará gerando despesas mensais, com combustível, seguro, IPVA, estacionamento, manutenção, entre outros. Trata-se de um bem que, de certa forma, aprisiona.

Tenha um padrão de consumo e investimento que o liberte, fazendo com que você e sua família dependam cada vez menos da sua força de trabalho.

CAPÍTULO 4
VIDA FINANCEIRA: COMO SE ORGANIZAR DEFINITIVAMENTE

CAPÍTULO 4
VIDA FINANCEIRA: COMO SE ORGANIZAR DEFINITIVAMENTE

Tudo que você aprendeu até agora é essencial para se conscientizar e mudar sua mentalidade sobre o dinheiro e a criação de riqueza.

A partir de agora, você vai descobrir, em quatro simples passos, como organizar sua vida financeira de uma vez por todas.

Passo 1
Defina objetivos financeiros

Provavelmente você deve conhecer o seguinte ditado: "Se você não sabe para onde ir, qualquer lugar serve". A mensagem dessa frase pode ser usada para diversas situações, pois, para qualquer coisa que pensemos em fazer na nossa vida, precisamos ter metas, destinos, objetivos.

Quando iniciamos nossa vida profissional, temos que saber aonde queremos chegar para nos capacitar a fim de atingir determinado objetivo. E o propósito desse primeiro passo é mostrar a importância da definição de objetivos financeiros para alcançarmos a maior riqueza (em termos financeiros, claro): a independência financeira.

O que é um objetivo financeiro?

Antes de discutir a importância dele, preciso explicar o que é um objetivo financeiro. Definir um objetivo financeiro significa determinar um valor e um prazo para alcançar um objetivo qualquer. "Comprar um apartamento" é um objetivo, mas "comprar um apartamento que custa 550 mil reais nos próximos cinco anos" é um objetivo financeiro. A simples definição de prazo e valor para cada objetivo que temos permite o cálculo exato de quanto tempo falta para atingirmos essa meta. Em outras palavras, é possível medir quão próximos estamos de alcançá-lo.

Por que é importante defini-los?

Existem várias razões para justificar a definição dos objetivos financeiros. A primeira – e talvez mais importante – é a "disciplina forçada". Para quem não tem disciplina, definir objetivos financeiros pode ajudar bastante. Afinal, se você não sabe por que deve poupar dinheiro, certamente vai gastá-lo. Se o seu dinheiro não tiver um destino, qualquer um servirá.

Outro fator importante é a motivação. A partir do momento que você sabe quão perto está de alcançar um determinado objetivo, certamente ficará mais motivado para continuar poupando e se aproximar cada vez mais do seu destino. Discutimos bastante sobre disciplina no capítulo anterior. Por isso, é importante sempre buscar uma motivação para cada objetivo financeiro.

Se definir que 5 mil reais é suficiente para fazer a viagem dos seus sonhos, a cada 500 reais poupados você estará 10% mais próximo de alcançar seu destino. É muito gratificante saber que está a cinco meses de trocar seu carro ou a vinte meses de comprar seu apartamento. E, se em determinado mês puder poupar mais, o prazo ainda encurtará.

Transformando seus objetivos em metas

Entendido o conceito de objetivo financeiro, vou aprofundar um pouco mais, introduzindo agora o conceito de meta. De acordo com Christian Barbosa, autor do excelente livro *A tríade do tempo*, a definição de meta é: "Qualquer objetivo (ou sonho) definido por escrito, de realização possível, importante e que você queira alcançar".

Metas – Quatro princípios básicos

Essa definição contém quatro princípios básicos fundamentais para a compreensão do que realmente caracteriza as metas:

- **São pessoais**: devem se traçadas para você mesmo, jamais para outras pessoas.

- **São escritas**: enquanto não é posto no papel, como um compromisso que você assume consigo mesmo, qualquer desejo que tenha nunca se tornará meta – será, no máximo, um sonho.

- **São possíveis**: não confunda o difícil com o impossível. A meta difícil trará ainda mais prazer à conquista dela; a meta impossível é apenas perda de tempo.

- **São importantes**: se as metas não forem importantes para você, então para que perder tempo com elas? O fator da relevância é fundamental. Do contrário, perderá a motivação para conquistá-las.

Metas – Modelo SMART

Escrever a meta é, na verdade, o processo de tornar consciente um determinado sonho ou desejo que acalentamos. Se não for definida corretamente, só servirá para enfeitar seu quadro de promessas de Ano-Novo. Qualquer meta deve atender aos quatro princípios básicos apresentados anteriormente e estar escrita na forma SMART (modelo desenvolvido por Peter Drucker), que significa:

- e**S**pecífica – O quê?
- **M**ensurável – Quanto?
- **A**lcançável – Como?
- **R**elevante – Por quê?
- **T**emporal – Quando?

Específica – O que sua meta é exatamente?

Ela deve ser definida de forma específica, para que qualquer pessoa possa visualizá-la e entender perfeitamente o que você quer com ela. Essa é a parte mais criativa do processo de definição de metas e é a responsável por delimitar seus objetivos.

Especificar significa detalhar ao máximo o que você deseja com a sua meta. É o poder de visualização em ação e de saber exatamente quando estará concluída. Veja este exemplo: "Quero um apartamento com três quartos". Essa meta é muito vaga. Esse apartamento pode ser em São Paulo, Miami ou Tóquio. Quantos metros ele vai ter: 65 m² ou 130 m²?

Agora veja uma escrita de maneira específica: "Quero comprar um apartamento com três quartos, sendo uma suíte, 110 m² de área útil, sala com dois ambientes, duas vagas na garagem, localizado em um prédio com elevador e piscina na cidade de São Paulo, nos bairros da Aclimação ou Vila Mariana, distante no máximo cinco quilômetros do metrô". Agora você sabe exatamente o que significa comprar um apartamento: sabe onde procurá-lo, quanto ele pode custar e até a futura decoração dos ambientes. Se a especificação ainda não for suficiente, pode avançar ainda mais nos detalhes. Quanto mais especificado, melhor.

Mensurável – Qual o tamanho da sua meta?

Mensurar a meta significa determinar seu tamanho, de forma qualitativa e quantitativa. Quando você a mensura, na verdade está avaliando quanto ainda precisa andar para chegar ao ponto em que pretende. Essa resposta pode ser dada em valor, em tempo ou em qualquer outra unidade de medida que permita o acompanhamento dos passos dados.

No exemplo do apartamento, poderíamos calcular o valor da aquisição em torno de, por exemplo, 550 mil reais. Esse é o custo do seu sonho e o tamanho do seu esforço. A parte mensurável da meta também pode conter indicadores que mostrem a evolução rumo ao objetivo. Isso responde a uma pergunta simples: como posso saber se estou conseguindo realizar a meta?

No exemplo do apartamento, poderíamos definir que os indicadores seriam:

- Entrada de 50% do valor do imóvel;
- Venda do apartamento atual;
- Aprovação do financiamento do novo imóvel.

Alcançável – Como alcançarei essa meta?

Para que qualquer meta se concretize, é preciso definir os passos necessários para sua realização ou elaborar um plano de ação. O que pode parecer um objetivo enorme e inalcançável deixa de ser assustador depois de dividido em pequenas atividades. Cada uma delas deve ser realizada em períodos de tempo.

No exemplo do apartamento, poderíamos definir que as atividades seriam desta forma:

- Investir os 100 mil reais já poupados em títulos públicos, a uma taxa hipotética de 10% ao ano;

- Aplicar mensalmente 2 mil reais;

- Procurar o apartamento ideal;

- Fechar o contrato e pagar 275 mil reais de entrada;

Quando temos "apenas" 100 mil reais, podemos imaginar que 550 mil reais é inalcançável. Mas, ao decidir pagar apenas 50% de entrada, aplicar esse montante em títulos públicos a uma taxa hipotética de 10% ao ano e investir mensalmente 2 mil reais, uma rápida simulação mostrará que é possível atingir esse objetivo em menos de cinco anos. Você não faz a meta, você faz esses pequenos passos no dia a dia. O sucesso ou o fracasso de sua meta está diretamente relacionado à sua capacidade de pensar sobre o plano de ação do seu objetivo.

Relevante – Qual a importância dessa meta?

Estas são as principais perguntas que devemos fazer a nós mesmos antes de começar a trabalhar na meta: Por que esse objetivo é importante para mim? Por que quero realizá-lo? Por que vou investir tempo e dinheiro nele?

É necessário fazer algo com sentido, e não apenas fazer por fazer. É muito comum as pessoas definirem suas metas e pararem no meio, pois a motivação acaba. Por isso, o motivo que o faz partir para a ação deve ser forte o suficiente para manter sua meta ao longo do tempo.

Ao decidir, por exemplo, trocar de carro durante esse período, é importante estar consciente de que essa decisão certamente atrasará o alcance da meta principal.

Capítulo 4 - Vida financeira: como se organizar definitivamente

Alguns exemplos de relevância para a meta de aquisição do apartamento:

- Para ser mais feliz no casamento;
- Para poder ter mais conforto e qualidade de vida;
- Para morar mais perto do trabalho e da escola dos filhos.

Temporal – Quando vou realizar a meta?

Uma boa definição para metas é: um sonho com data marcada. Se você não tiver uma data, vai ficar empurrando com a barriga. É preciso ser específico e definir o tempo necessário para a realização de seu sonho.

Se não especificar um determinado dia, mês e ano, vira promessa de "algum dia talvez quem sabe". A data específica dá o tom do seu desafio. Se errar, não tem problema. É humano e perfeitamente aceitável. Você se desafiou para isso, não deixou a decisão para as circunstâncias. Se precisar, prorrogue o prazo, mas tenha um!

No exemplo do apartamento, o prazo seria de sessenta meses (cinco anos).

Recapitulando...

"As pessoas não planejam fracassar. Fracassam por falta de planejamento."

Objetivo é qualquer sonho que você deseja alcançar. No exemplo que dei, o objetivo seria a compra do apartamento. Já o objetivo financeiro significa determinar um valor e um prazo para alcançá-lo. Nesse exemplo, seria a compra de um apartamento por 550 mil reais no prazo de cinco anos.

Meta é algum objetivo (ou sonho) definido por escrito, de realização possível, importante e que você queira alcançar. Essa definição contém quatro princípios básicos, que são fundamentais para a compreensão do que realmente caracteriza as metas: são pessoais, escritas, possíveis e importantes.

Além disso, qualquer meta precisa estar escrita na forma SMART, que significa:

e**S**pecífica – O quê?

Mensurável – Quanto?

Alcançável – Como?

Relevante – Por quê?

Temporal – Quando?

Descrevemos a meta de forma específica, mensurável, alcançável, relevante e temporal. Quanto mais detalhes houver, melhor. Fica muito mais fácil encontrar o objeto ideal, analisar a viabilidade dessa aquisição, medir seu progresso, manter-se motivado e saber quanto tempo falta para atingi-lo.

O que fazer agora?

Você deve definir seus principais objetivos financeiros. Tente detalhá-los o máximo que puder, com a estrutura das metas que expliquei. Se não for possível, defina pelo menos o valor e o prazo para atingir seu objetivo. Escreva todos os seus objetivos financeiros. Essa atividade será importante durante todo este capítulo.

Passo 2
Elabore seu orçamento pessoal ou familiar

Você aprendeu no passo anterior sobre a importância de definir objetivos financeiros. Como havia dito, a definição desses objetivos é o primeiro estágio do planejamento financeiro. Feito isso, exploraremos agora o segundo passo: a elaboração do orçamento.

Vamos imaginar que hoje, infelizmente, suas finanças estejam totalmente desorganizadas: seus gastos, contas e compras são excessivos, suas dívidas e parcelamentos correm o risco de sofrer atraso no pagamento, e sua família não tem conseguido fazer a economia necessária para continuar a bancar suas aplicações. Enfim: seu orçamento está fora de controle, como um carro desgovernado ladeira abaixo.

Para começar a resolver essa desafiadora situação, você deve seguir três etapas. E, mesmo que sua situação não seja desesperadora, você pode melhorar ainda mais sua vida financeira ao seguir estas fases de organização do orçamento:

1. Identifique como está gastando seu dinheiro atualmente;

2. Avalie seus gastos atuais e defina metas de despesas que levem em conta seus objetivos financeiros de curto e longo prazo;

3. Acompanhe de perto suas futuras despesas para assegurar que estejam dentro do planejado.

Primeira etapa: identifique seus gastos

Para saber exatamente onde, como e quanto está gastando, não dá para confiar apenas na memória – você vai precisar registrar exatamente tudo o que estiver gastando.

E aqui vem a primeira dica matadora desse passo. A maioria dos educadores financeiros costuma recomendar a utilização de uma planilha eletrônica ou um software específico para "poupar" trabalho. A justificativa é que as planilhas já vêm com fórmulas e somatórios pré-definidos, facilitando a consolidação do seu orçamento. Mas o problema reside exatamente nisto: como você vai registrar seus gastos no momento em que eles ocorrem? Vai anotar num caderninho e depois transcrever para sua planilha ao chegar em casa? Ou vai confiar na sua memória?

Em vez de utilizar planilhas, sugiro a utilização de aplicativos para smartphones, pois eles permitem anotar todos os gastos imediatamente, sem a necessidade de transcrevê-los para um caderno, planilha financeira ou software no computador quando chegar em casa. Também evitam o retrabalho (anotar imediatamente e transcrever depois) e o esquecimento (se deixar de anotar imediatamente, pode esquecer os pequenos gastos, um dos maiores vazamentos do orçamento).

Capítulo 4 - Vida financeira: como se organizar definitivamente

Para facilitar sua vida, recomendo os principais aplicativos disponíveis no mercado, tanto em português quanto em inglês:

- Yupee: <http://www.yupee.com.br/Gerenciador-Financeiro> (em português);

- Organizze: <https://www.organizze.com.br/> (em português);

- Minhas Economias: <http://www.minhaseconomias.com.br/> (em português);

- Mint: <https://www.mint.com/> (em inglês);

- Financisto: <http://www.appbrain.com/app/financisto/ru.orangesoftware.financisto> (em inglês);

- EasyMoney: <http://www.handy-apps.com/main/EasyMoney.aspx> (em inglês);

- iXpenseIt: <http://www.fyimobileware.com/ixpenseit.html> (em inglês, também disponível em português).

O registro dos gastos permite identificar onde desperdiçamos e onde podemos economizar. Também é possível fazer orçamentos, limitando os gastos por categoria. Com isso, fica mais fácil pagar suas dívidas e poupar com regularidade.

Segunda etapa: elabore seu orçamento

Após registrar e analisar todos os seus gastos, fica bem mais fácil identificar o que pode ser cortado para aumentar seu poder de poupar mais dinheiro.

Ao elaborar um orçamento, é fundamental que ele seja **realista** (não adianta apertar demais, não cumpri-lo e se frustrar posteriormente), **equilibrado** (poupar demais é tão perigoso quanto gastar demais) e que contemple seus **objetivos de longo prazo**.

Na literatura, existem várias sugestões de orçamento. Vou citar algumas, dizer qual a minha preferência e explicar o motivo.

Livro *Os segredos da mente milionária*, de T. Harv Eker

O autor sugere a seguinte alocação do orçamento:

- 50% - Necessidades Básicas;
- 10% - Investimentos (exclusivamente para a aposentadoria);
- 10% para poupança e despesas de longo prazo;
- 10% para instrução financeira;
- 10% para diversão (maneira de recompensar sua disciplina);
- 10% para doações.

Na minha opinião, esse orçamento é bastante rigoroso, pois apenas 50% do que ganha vai para a manutenção mensal da sua família, além de "obrigar" a doar 10% do que recebe. Não que isso seja errado, mas não dá muita liberdade.

Livro *O homem mais rico da Babilônia*, de George Clason

Clason propõe um orçamento muito mais simples, flexível e conservador:

- 10% para poupança (exclusivamente para construir riqueza);
- 70% (no máximo) para a manutenção da sua família;
- 20% (no mínimo) para o pagamento de dívidas.

Observe que, nesse caso, ele permite que você gaste até 70% da

Capítulo 4 - Vida financeira: como se organizar definitivamente

sua renda com a manutenção da sua família. Além disso, ele determina que 20% deve ser utilizado para o pagamento de dívidas ou, caso não esteja endividado, para proteger-se delas, montando um fundo de emergência (teremos um passo exclusivo sobre esse tema).

Por fim, como praticamente todos os autores, ele recomenda que você poupe 10% exclusivamente para investimentos, no intuito de acumular riqueza e viver dessa renda no futuro.

Livro *I Will Teach You to Be Rich*, de Ramit Sethi

Em tradução livre, o título significa "Vou ensiná-lo a ser rico". Acredito que esse livro nunca tenha sido traduzido para língua portuguesa, além de ser pouco conhecido pela maioria das pessoas. O autor propõe o orçamento que eu acho mais interessante:

- 60% para a manutenção da sua família;
- 10% para investimentos (exclusivamente para a aposentadoria);
- 10% para poupança e objetivos de curto prazo (gastos imprevistos, férias, presentes etc.);
- 20% para gastar livremente (jantar fora, sair com amigos, ir ao cinema, comprar roupas e sapatos etc.).

De cara, alguém pode perguntar: "Sério que você está recomendando gastar 20% livremente?!". Sim! Não é errado gastar. É errado gastar exageradamente.

É importante entender que só tem o "direito" de utilizar livremente esses 20% quem não estiver endividado. Afinal, esse montante é a recompensa por você ser disciplinado.

Caso esteja endividado, é sinal de que já gastou livremente nos meses anteriores (ou não tinha uma reserva para imprevistos) e precisará quitar essas dívidas. Logo, tanto os 20% dos gastos livres quanto os 10% da poupança devem ser alocados para quitar as dívidas o mais rápido possível.

Observe também que existe um padrão em todos os orçamentos: investir 10% da renda para sua aposentadoria. Nada impede que você invista mais, no entanto o mínimo é acumular 10% todos os meses.

Terceira Etapa: cumpra seu planejamento

Mencionei anteriormente que seu orçamento deve ser realista, equilibrado e contemplar seus objetivos de longo prazo. Afinal, não adianta ser duro demais consigo mesmo, pois isso certamente vai conduzi-lo ao fracasso, dado que será impossível cumprir seu orçamento. Alocar parte do seu orçamento para gastos livres também é importante para servir como recompensa para sua disciplina. Se você cumprir seu planejamento à risca, sobrará 20% para gastar livremente. Se falhar, o desconto deve ser feito exatamente nesses 20%.

Para garantir o sucesso do seu planejamento, continue utilizando diariamente seu aplicativo para registrar todas as despesas. Perceba que o monitoramento não é paranoia ou uma atividade chata. Na verdade, é divertido, pois você tende a melhorar continuamente. Além disso, é uma disputa consigo mesmo, na qual todos os meses tenta se superar, seja poupando mais, seja cumprindo à risca seu orçamento.

Capítulo 4 - Vida financeira: como se organizar definitivamente

Recapitulando...

Você aprendeu a importância de elaborar um orçamento, como essa tarefa deve ser realizada, monitorada e cumprida. Em outras palavras, você deve:

- Identificar seus gastos;
- Elaborar seu orçamento;
- Cumprir seu planejamento.

Para identificar seus gastos, sugeri a utilização de aplicativos para smartphones. Existem opções gratuitas e em português. Mesmo as opções pagas são bem baratas.

Para elaborar seu orçamento, recomendei a proposta de Ramit Sethi, consultor de finanças pessoais e escritor:

- 60% para a manutenção da sua família;
- 10% para investimentos (exclusivamente para a aposentadoria);
- 10% para poupança e objetivos de curto prazo (gastos imprevistos, férias, presentes etc.);
- 20% para gastar livremente (jantar fora, sair com amigos, ir ao cinema, comprar roupas e sapatos etc.).

Por fim, para cumprir seu planejamento, é necessário que seu orçamento:

- Seja realista;
- Seja equilibrado;
- Contemple seus objetivos financeiros.

O que fazer agora?

Você deve fazer as seguintes atividades:

- Escolher um dos aplicativos que recomendei (pode ser outro que não esteja na lista) e começar a utilizá-lo;
- Elaborar seu orçamento pessoal e familiar, utilizando a proposta que achar mais interessante (não precisa ser a que escolhi ou exatamente como está proposto);
- Fazer seu planejamento de forma realista, equilibrada e contemplando seus objetivos financeiros.

O segredo do sucesso não é apenas ler este livro por completo, mas principalmente colocar em prática tudo o que aprendeu.

Passo 3
Controle suas dívidas

Após definir seus objetivos financeiros e elaborar seu orçamento, é primordial manter as dívidas sob controle. Quem já passou por apertos financeiros sabe que não existe nada melhor que a tranquilidade financeira. O problema de estar endividado é que essa situação não traz problemas apenas para o bolso: afeta também a saúde e os relacionamentos.

Caso (ainda) esteja passando por problemas financeiros, esse passo foi elaborado para resolver essa situação.

Livre-se das dívidas de uma vez por todas

Existem muitas pessoas que, motivadas pela onda consumista e amparadas por uma inconsequente relação com as dívidas, esquecem que o crédito para pessoa física, para dar certo, tem de ser combinado com altas doses de bom planejamento e controle financeiro eficiente. Só assim pode funcionar efetivamente como uma alavanca para a qualidade de vida.

Em sua vida financeira, quando você permite que o imediatismo domine seus hábitos de compra e consumo, não tem jeito: você acaba apelando para dívidas emergenciais, improvisadas, mal contratadas... Enfim, dívidas ruins.

Quando as más dívidas dominam seu orçamento, não sobra o suficiente para bancar aqueles gastos, contas e compras que podem lhe trazer qualidade de vida no presente. Não há, também, fundos para custear esses imprevistos ou sobra para sustentar os investimentos frequentes que lhe trarão qualidade de vida no futuro. É o verdadeiro caos no seu bolso, e, se as coisas continuarem assim, pode dar adeus aos anseios de uma plena qualidade de vida.

Como sair das dívidas

Livrar-se das dívidas é mais simples do que você pensa: basta ter disciplina (mesmo que ela seja "forçada") e um bom planejamento. Para obter o sucesso desse objetivo financeiro – afinal, livrar-se das dívidas deve ser um dos principais objetivos para quem está endividado –, é necessário:

- Garantir sua futura prosperidade;
- Fazer com que a dívida pare de crescer;
- Ter condições de saldar todas as dívidas.

Para atingir cada um desses objetivos, você vai precisar adaptar seu orçamento pessoal, elaborado no passo anterior.

Vou utilizar como base meu orçamento preferido (proposto por Ramit Sethi). Originalmente ele está concebido desta forma:

- 60% para a manutenção da sua família;
- 10% para investimentos (exclusivamente para a aposentadoria);
- 10% para poupança e objetivos de curto prazo (gastos imprevistos, férias, presentes etc.);
- 20% para gastar livremente (jantar fora, sair com amigos, ir ao cinema, comprar roupas e sapatos etc.).

No intuito de se livrar das dívidas, ele será temporariamente adaptado para esta disposição:

- 60% para a manutenção da sua família;
- 10% para investimentos (exclusivamente para a aposentadoria);
- 30% para o pagamento das dívidas.

Perceba que, por estar endividado, sua poupança, seus objetivos de curto prazo e seus gastos livres estarão comprometidos até a quitação total das dívidas.

A seguir, vou explicar cada item dessa lista.

Gaste apenas 60% do que ganha

A famosa regra "gaste menos do que ganha" deve ser levada muito a sério a partir de agora. Ao fazer isso, uma coisa é certa: sua dívida vai parar de crescer.

Capítulo 4 – Vida financeira: como se organizar definitivamente

Para tanto, como já foi bastante enfatizado no passo anterior, é mais importante do que nunca manter o registro de todos os seus gastos e compará-los com o seu orçamento. Eles terão que caber nos 60% da manutenção mensal. Ao registrá-los, você saberá exatamente se/onde está falhando e terá a possibilidade de sanar esse problema.

Uma atitude muito sadia é parar de utilizar o cartão de crédito. O fato de parcelar uma compra não diminui o seu valor. E, ainda pior, distribui a despesa por vários meses, comprometendo todo um orçamento futuro. O mau uso do cartão de crédito é um dos maiores vilões do seu bolso.

Poupe 10% para a aposentadoria (mesmo estando endividado)

"Há mais prazer em ver aumentar uma reserva de dinheiro supostamente excedente do que poderia haver gastando-a."

(George Samuel Clason, em *O homem mais rico da Babilônia*)

Alguém pode perguntar: "Devo poupar mesmo estando endividado? A taxa de juros das dívidas não são maiores que a rentabilidade da poupança?". E a resposta é: sim, você deve poupar mesmo nessa situação. Mesmo que a rentabilidade da sua aplicação seja inferior à taxa de juros das dívidas, vale a pena.

O valor que você "perde" na diferença entre as taxas será compensado pela disciplina adquirida em poupar mensalmente. E isso é muito valioso.

Em outras palavras, financeiramente não é um bom negócio, mas psicologicamente é. E você não pode menosprezar nunca o valor da psicologia e dos bons hábitos financeiros. Quem já possui a disciplina de poupar determinado valor todos os meses sabe bem do que estou falando.

Utilize 30% para o pagamento das dívidas

É bem provável que os 30% restantes não sejam suficientes para pagar todas as dívidas. Pode ser até que nem sejam suficientes para pagar os juros das dívidas. Mas é aqui que você deve começar a agir. O primeiro passo é colocar todos os credores no papel, anotando quanto deve a cada um deles. O segundo é procurar cada credor para expor sua situação, mostrando o tamanho total do seu endividamento e quanto pode pagar por mês. Você vai se surpreender com os resultados dessas negociações. No momento em que você mostra a alguém sua determinação em pagar uma dívida, percebe que ele está ainda mais determinado a receber o pagamento. Então é provável que lhe ofereça bons descontos.

Após negociar suas dívidas com todos os credores, verifique em quanto ficou seu saldo devedor atualizado. É aí que entra outra estratégia muito valiosa: a consolidação de dívidas.

O que é a consolidação de dívidas?

Consolidar (ou unificar) suas dívidas significa contrair um empréstimo no valor total do seu saldo devedor, quitar todas as suas dívidas e ficar apenas com esse empréstimo. Mas quais são as vantagens de trocar "uma dívida por outra"?

Há pelo menos três vantagens bem importantes:

- Ter apenas uma dívida: a princípio, pode não fazer muito sentido, pois o saldo devedor é o mesmo. No entanto, você agora terá que se preocupar com apenas um pagamento mensal.

- Redução da taxa de juros: quando se tem várias dívidas, é provável que algumas delas sejam com cartões de crédito e cheque especial, que possuem taxas altíssimas. Após a consolidação, a taxa de juros do novo empréstimo é bem menor.

- Redução dos pagamentos mensais: após a consolidação, é possível negociar parcelas menores, que caibam no seu orçamento, ou seja, 30% da sua renda.

Resumindo, a consolidação permite unificar todas as suas dívidas através de um empréstimo com taxa de juros e prestações mais baixas.

Oito dicas práticas para o controle das dívidas

Além do planejamento explicado até aqui, existem também dicas práticas que podem auxiliar você durante todo esse processo.

Dica 1: algumas dívidas são boas

Financiar sua casa ou seu carro pode ser válido no intuito de alcançar mais rápido um objetivo, até porque essas dívidas geralmente possuem as menores taxas de juros. Entretanto, esteja certo de não se comprometer com uma prestação acima do que realmente possa pagar, por conta dos outros gastos relacionados a esses bens.

Dica 2: Algumas dívidas são ruins

Evite usar o cartão de crédito para pagar por coisas que você consome rapidamente – como viagens de férias, por exemplo –, pois em geral essa é a maneira mais rápida e "eficiente" para se endividar. Em vez disso, separe mensalmente algum dinheiro para pagar gastos como esses à vista.

Como já expliquei no passo 1, sobre objetivos financeiros, se há algo que queira muito, mas custa caro, poupe por algum período (semanas ou meses) para efetuar esse gasto e evitar, assim, as altas taxas cobradas pelas operadoras de cartões de crédito.

Dica 3: Priorize o pagamento das dívidas mais "caras"

A dívida mais cara não é aquela com maior prestação ou saldo devedor, mas a que possui maior taxa de juros. O segredo para se livrar das dívidas é pagar primeiro aquelas com as taxas de juros mais altas, tais como cartão de crédito ou cheque especial. A explicação é que a taxa de juros determina a velocidade do crescimento da dívida.

Uma vez que a dívida mais cara for paga, passe para a próxima mais alta, e assim sucessivamente, caso não tenha feito a consolidação.

Dica 4: Não caia na armadilha da parcela mínima

Quando você paga apenas o valor mínimo da fatura do seu cartão de crédito, está pagando apenas o valor dos juros daquele mês, não abatendo nada da sua dívida. Levará anos para pagar completamente a dívida e muito provavelmente terminará pagando muito mais do que o valor da dívida.

Dica 5: Observe de onde está pegando emprestado

Quando você é disciplinado, muitas vezes é melhor pegar emprestado de si mesmo, ou seja, do dinheiro que investe, pois, na maioria das vezes, o rendimento dos seus investimentos é bem menor que os juros cobrados pelos financiamentos do mercado.

Isso, porém, pode ser muito perigoso, caso você não o faça de maneira organizada. Pode comprometer seus objetivos de longo prazo, como a compra de algum bem ou até mesmo sua aposentadoria – por sinal, não recomendo que seja utilizado o valor poupado para a aposentadoria; ele é sagrado e intocável.

Dica 6: Espere pelo inesperado

Construa uma poupança para imprevistos, no caso de alguma emergência, com um montante suficiente para manter sua família por um período de três a seis meses. Se você não tiver um fundo de emergência, um imprevisto como um carro quebrado ou problemas no apartamento pode prejudicar seriamente suas finanças. O próximo passo falará especificamente sobre fundo de emergência.

Dica 7: Não se apresse para quitar algumas dívidas

Não comprometa suas reservas com o pagamento de dívidas com baixas taxas de juros, como imóveis ou automóveis, principalmente se tiver outras dívidas. Lembre-se de priorizar as dívidas mais caras, e não as mais longas. Quando pagas em dia, elas deixam de ser dívidas e passam a ser despesas mensais, que devem se encaixar na manutenção (60% da receita).

Dica 8: Procure ajuda assim que precisar

Se tiver mais dívidas do que acha que pode pagar, procure ajuda antes que esses débitos "quebrem" você. Há órgãos de defesa do consumidor que podem ajudá-lo a gerenciar melhor suas finanças. Mas fique atento: há também muita gente querendo tirar proveito de pessoas em situações desesperadoras. O importante é não se desesperar. Para aqueles que se endividaram por serem leigos e que não agiram de má-fé, uma boa notícia: a justiça está a seu favor.

Recapitulando...

"Onde há determinação, o caminho pode ser encontrado."

Para garantir o sucesso na quitação das dívidas, é necessário:

- Garantir sua futura prosperidade;
- Fazer com que a dívida pare de crescer;
- Ter condições de saldar todas as dívidas.

Para tanto, seu orçamento precisa ser temporariamente adaptado para esta disposição:

- 60% para a manutenção da sua família;
- 10% para investimentos (exclusivamente para a aposentadoria);
- 30% para o pagamento das dívidas.

Por fim, tenha em mente estas oito dicas:

1. Algumas dívidas são boas;
2. Algumas dívidas são ruins;
3. Priorize o pagamento das dívidas mais "caras";
4. Não caia na armadilha da parcela mínima;
5. Observe de onde está pegando emprestado;
6. Espere pelo inesperado;
7. Não se apresse para quitar algumas dívidas;
8. Procure ajuda assim que precisar.

Capítulo 4 - Vida financeira: como se organizar definitivamente

O que fazer agora?

Você deve pôr em prática as seguintes atividades:

1. Adapte seu orçamento para contemplar o pagamento das dívidas (sem deixar de poupar para a aposentadoria);

2. Faça um levantamento de todas as suas dívidas para descobrir quanto deve para cada credor;

3. Procure cada credor para expor sua situação, mostrando o tamanho total do seu endividamento e quanto pode pagar por mês;

4. Mantenha um controle ainda mais rigoroso sobre seus gastos para não voltar a se endividar.

É fundamental deixar tudo registrado no seu caderno ou da forma que achar mais conveniente. Escrever proporciona uma organização de ideias muito maior.

Como sempre falo, o segredo do sucesso não é apenas adquirir conhecimento, mas colocar em prática tudo o que aprendeu.

Passo 4
Monte um fundo para emergências

Quem já passou (ou está passando) por problemas financeiros sabe quanto essa situação é desgastante. Além de prejudicar o seu bolso, prejudica também sua saúde, seu trabalho e – sobretudo – seus relacionamentos.

No Brasil, as pessoas que "erram a mão" no orçamento pagam caro por empréstimos de curto prazo, por conta das altíssimas taxas de juros. Por isso, é importante construir uma reserva de emergência para se proteger contra imprevistos e evitar pagar caro por não se precaver.

O que é um fundo de emergência?

Um fundo de emergência nada mais é que uma reserva financeira que você constrói para se proteger de imprevistos ou de meses em que a entrada de recursos foi abaixo do esperado.

Esses imprevistos podem ser desde problemas no carro, despesas médicas inesperadas ou acidentes, até um mês de desempenho abaixo do esperado nos negócios, principalmente para pessoas que vivem de comissões ou com a maior parte da renda sendo variável, ou, no pior dos casos, a perda do emprego.

Não confunda imprevistos com mau planejamento!

É importante diferenciar com bastante clareza as situações realmente imprevistas e erros no planejamento. Vejo muitas pessoas dizendo que tiveram que contrair um empréstimo no começo do ano para saldar "imprevistos" com matrícula, IPTU, IPVA, material escolar, entre outros. Se essas despesas ocorrem todos os anos, sempre no início do ano, elas realmente são imprevisíveis? Claro que não!

É muito importante não confundir situações de emergência com um descontrole no orçamento. Existem despesas que não ocorrem todos os meses, mas que podem (e devem!) ser previstas no orçamento. Alguns exemplos:

Capítulo 4 - Vida financeira: como se organizar definitivamente

- seguro do automóvel;
- IPVA;
- IPTU;
- presentes (aniversário, Natal, Dia das Crianças etc.);
- material escolar.

Quem deve construir um fundo de emergência?

Todos! Alguns estão expostos a riscos maiores, como funcionários sem estabilidade no trabalho ou com remuneração variável, tais como comissões ou produtividade; mas outros, mesmo tendo um salário fixo e estabilidade no emprego, como servidores públicos, também precisam dessa reserva. A grande diferença é que alguns precisam mais do que os outros.

Um trabalhador que vive de comissões, por exemplo, precisa ter um fundo mais consistente, que represente algo em torno de seis vezes seus custos fixos. Se os custos fixos mensais desse trabalhador são de 2 mil reais, ele precisa acumular aproximadamente 12 mil reais em seu fundo de emergência. Já uma pessoa que possui estabilidade no emprego precisaria apenas acumular um montante que cobrisse três vezes seus gastos mensais. O principal objetivo é ter tranquilidade financeira para trabalhar.

Quem se enquadra nessa condição sabe quanto é estressante não ter certeza se a renda ao final do mês será suficiente para pagar as contas. E, tendo essa reserva, a pessoa se livra dessa incômoda preocupação e ainda pode investir algum dinheiro sempre que passar por meses mais rentáveis.

O ideal é que o fundo de emergência cubra, no mínimo, três meses de suas despesas mensais.

Onde o dinheiro deve ser aplicado?

O fundo de emergência deve ser mantido numa aplicação de fácil acesso, liquidez imediata e baixíssimo risco. A intenção dele não é obter o máximo de rendimento, mas estar guardado num local seguro, que não ofereça riscos de perdas e que possa ser sacado assim que a necessidade aparecer. Para tanto, o mais indicado é uma aplicação financeira com liquidez diária, que pode ser um CDB, fundo de investimento do seu banco, títulos públicos ou – em último caso – até a boa e velha caderneta de poupança. Como falei antes, o foco não é rentabilidade, mas segurança e liquidez.

Como essa reserva deve ser utilizada?

O montante poupado para emergências, como o próprio nome diz, só deve ser utilizado para situações excepcionais. Assim que o objetivo de poupar pelo menos três vezes a necessidade mensal for alcançado, esse fundo não deve ser mexido enquanto não houver emergência – ele deve ser "esquecido". Alguns ficam tentados a utilizá-lo para trocar de carro ou fazer uma viagem, mas não podemos nunca esquecer o objetivo desse fundo.

Nada impede que, após poupar o valor total, você passe a investir em outros objetivos. É importante ter em mente que esse dinheiro significa tranquilidade financeira. E quem já passou por problemas financeiros decorrentes da falta de um fundo como esse sabe quanto essa tranquilidade é valiosa!

Reserva para problemas positivos

Quando falamos em problemas, em geral nos referimos ao lado negativo do termo. Porém, às vezes também surgem "pro-

Capítulo 4 - Vida financeira: como se organizar definitivamente

blemas positivos". Um exemplo de problema positivo é a possibilidade de mudar de emprego após uma empresa com sede em outra cidade nos fazer uma proposta. Imagine os transtornos imediatos possíveis: alugar uma casa na nova cidade, contratar uma empresa de mudanças, matricular os filhos na escola. Será preciso encerrar o contrato de aluguel e pagar multa da casa em que mora atualmente e, se for própria, contratar um corretor para alugar ou vender.

Esses são problemas positivos, dado que a mudança em si é para um emprego melhor, mas geram, de imediato, despesas não previstas. A reserva de emergência também pode ajudar nessa situação. Outra possibilidade é você, ou um filho, precisar sair do país para realizar um curso no exterior. Com a oportunidade, podem aparecer diversos custos.

Não é preciso, contudo, criar outro fundo de emergência para essas situações. O mesmo pode ser utilizado para as emergências positivas.

Recapitulando...

Um fundo de emergência é uma reserva financeira que você constrói para se proteger de imprevistos. É importante não confundir imprevistos com falta de planejamento para o pagamento de despesas eventuais.

Todos devem ter um fundo de emergência, desde servidores públicos estáveis até profissionais autônomos e comissionados. Quanto maior a sua empregabilidade, menor a quantidade a ser reservada. Porém, recomendo que, no mínimo, o fundo de emergência tenha acumulado três vezes o valor de suas despesas mensais.

O fundo de emergência deve ser mantido numa aplicação de fácil manuseio, liquidez imediata e baixíssimo risco. A boa e velha poupança é uma opção, por possuir todas essas características, assim como qualquer outra aplicação financeira que possua liquidez diária (possibilidade de resgatar a qualquer momento).

Por fim, esse fundo pode (e deve) ser utilizado para imprevistos positivos. Muitas vezes surgem oportunidades em nossas vidas que demandam desembolsos para serem aproveitadas, e esse fundo é ideal para essas situações.

O que fazer agora?

Verifique se o orçamento que elaborou no passo 2 prevê a montagem do fundo de emergência. Caso você tenha optado por seguir o orçamento proposto por Ramit Sethi, ele já é contemplado implicitamente no item "poupança e objetivos de curto prazo (gastos imprevistos, férias, presentes etc.)". E, se já tiver um fundo de emergência, parabéns!

— CAPÍTULO 5 —
O QUE NUNCA FALARAM SOBRE A "FÓRMULA DA INDEPENDÊNCIA FINANCEIRA"

CAPÍTULO 5
O QUE NUNCA FALARAM SOBRE A "FÓRMULA DA INDEPENDÊNCIA FINANCEIRA"

Tudo o que eu disse até agora é muito importante para você mudar radicalmente sua vida financeira. Se colocar em prática o que aprendeu até aqui, já vai perceber, em pouco tempo, muitas diferenças (positivas) em sua vida. Afinal, quem já esteve endividado e conseguiu se livrar desse problema sabe quanto é valiosa a tranquilidade financeira. E conquistar a estabilidade financeira resolve diversos problemas financeiros. No entanto, essa é apenas uma etapa para a conquista da **liberdade financeira**.

Como falei, se colocar em prática tudo que aprendeu até agora, mudará sua vida radicalmente. Mas ainda **não** será suficiente para conquistar a independência financeira. Pode até ser possível, se tudo der certo e depois de muito tempo, mas é provável que essa conquista venha num momento em que você não poderá aproveitar plenamente os bônus que a acompanham.

A maioria dos educadores financeiros prega que, para conquistar a independência financeira, é preciso investir X reais por mês, a uma taxa de rentabilidade de Y% e durante Z anos. Junte-se isso ao poder dos juros compostos e a "mágica" acontece.

QUERO FICAR RICO · Rafael Seabra

Antes de mostrar por que essa "fórmula da independência financeira" possui alguns furos, vou explicar rapidamente o que são esses famosos juros compostos.

O que são juros compostos?

Trata-se do processo de gerar receita através do reinvestimento da rentabilidade recebida de alguma aplicação financeira. Para funcionar, bastam duas coisas: tempo e reinvestimento da rentabilidade. Quanto mais tempo seu dinheiro estiver investido, maior a capacidade de acelerar o potencial de ganho do seu investimento inicial. Para demonstrar esse potencial, vamos observar o exemplo a seguir:

Se você investir 10 mil reais hoje a uma taxa de 10% ao ano, terá 11 mil reais em um ano (10 mil * 1,10). Agora vamos considerar que, em vez de resgatar os mil reais obtidos de juros, você mantenha esse valor investido no ano seguinte. Se permanecer recebendo a mesma taxa anual de 10%, seu montante crescerá para 12,1 mil reais (11 mil * 1,10) ao final do segundo ano. Por ter reinvestido aqueles mil reais, ele trabalhou juntamente com o investimento inicial, gerando ganhos de 1,1 mil reais, que é cem reais maior que a rentabilidade do ano anterior. Essa diferença pode parecer insignificante, mas não esqueça que não precisou mover uma palha para ganhar esses cem reais. E, mais importante, esse valor é capaz de gerar novos ganhos. Passado mais um ano, seu investimento crescerá para 13.310 reais (12.100 * 1,10). Agora você ganhou 1.210 reais, que é 210 reais superior ao recebido no primeiro ano. O aumento no montante principal ocorrido em cada ano representa a ação dos juros compostos: juros sobre juros sobre juros... Esse processo continuará acontecendo enquanto mantiver reinvestidos os juros obtidos ano após ano.

Capítulo 5 - O que nunca falaram sobre a "fórmula da independência financeira"

Entendido o conceito dos juros compostos, voltemos então para a famosa "fórmula da independência financeira".

O grande problema dos juros compostos está justamente nas variáveis dessa equação. Pode não parecer, mas os números jogam **contra** você (e não ao seu favor).

Observe a tabela abaixo, considerando o investimento desses 10 mil reais ao longo do tempo (e com variações de taxa de rentabilidade):

Investimento inicial - R$ 10.000,00			
Tempo (em anos)	Taxa rentabilidade anual		
	10%	15%	20%
5	16.105	20.114	24.883
10	25.937	40.456	61.917
15	41.772	81.371	154.070
20	67.275	163.665	383.376
25	108.347	329.190	953.962
30	174.494	662.118	2.373.763
35	281.024	1.331.755	5.906.682
40	452.593	2.678.635	14.697.716

Diz o ditado que os números não mentem, não é verdade?

Então isso significa que, se você investir 10 mil reais a uma taxa de 15% ao ano, será um milionário daqui a 35 anos!

Ou, melhor ainda, se investir esse mesmo montante a uma taxa de 20% ao ano, será um milionário daqui a 26 anos!

Parece interessante para você? Bem, eu não me empolgaria tanto assim...

Vamos agora dar uma olhada nos pontos em que os números jogam contra você:

1. É praticamente impossível obter uma taxa de 15% ou 20% ao ano de forma garantida no mercado, independente da aplicação financeira que escolher;

2. Daqui a 35 anos, você não será tão jovem quanto é agora e, dependendo da sua idade hoje, poderá até estar morto;

3. Essas simulações básicas não levam em conta o impacto do imposto de renda sobre esses investimentos nem – principalmente – o impacto da inflação. Provavelmente, 1 milhão de reais daqui a 35 anos não valerão 100 mil reais dos dias atuais.

É nesses pontos que os números jogam contra você. Você não pode aumentar o tempo de investimento de 35 anos para 135 anos. Da mesma forma, também não pode aumentar a taxa de rentabilidade de 10% ao ano para 100% ao ano. Nem mesmo pode eliminar a inflação do país.

Se quer assumir o controle da sua vida financeira, precisa utilizar a maior quantidade possível de variáveis que possa, de fato, controlar.

Então, você deve estar se perguntando agora: "Quer dizer então que todos os educadores financeiros, incluindo você, me enganaram durante anos?". Não, de forma alguma.

Como já disse e vou repetir, esse é um método bastante válido para melhorar sua vida financeira, **mas não é suficiente** para você alcançar sua liberdade financeira. (Pelo menos não no momento em que poderá aproveitá-la plenamente.) E isso **não** significa que eu e outros educadores financeiros não investimos nosso dinheiro utilizando o poder dos juros compostos a nosso favor. Eu invisto bastante e já tenho um ótimo patrimônio em aplicações financeiras. No entanto, essa não foi a única estratégia que utilizei para conquistar minha liberdade financeira.

Capítulo 5 - O que nunca falaram sobre a "fórmula da independência financeira"

"Então, qual estratégia foi usada?", você deve estar perguntando.

Respondendo de maneira simples e direta, **eu investi em mim mesmo**. Lembra que a fórmula da independência financeira tem três variáveis? Tempo, taxa de crescimento (rentabilidade) e montante investido. Como não posso controlar o tempo nem a taxa de crescimento, precisei focar no montante a ser investido.

Em outras palavras, busquei aumentar minha renda (ganhar mais) em vez de apenas focar em poupar (gastar menos para sobrar para investir) ou investir com alto risco (buscar rentabilidades acima da média).

A **boa notícia** é que aumentar sua renda funciona em qualquer idade. Não importa se você tem 20 anos ou 60 anos. Isso é possível a qualquer momento.

A **má notícia** é que não existe uma "fórmula mágica" para aumentar sua renda.

Todavia, minha experiência (e de tantas outras pessoas de sucesso) mostra que esse caminho é muito mais simples do que você pensa.

Além de tudo que falei sobre mudança de mentalidade, eliminação de crenças limitantes e adoção de bons hábitos financeiros, existe outro ponto essencial para criar riqueza: **oferecer soluções para outras pessoas**. Arrisco dizer que qualquer pessoa ou empresa de sucesso em qualquer área de atuação enriqueceu oferecendo soluções para outras pessoas.

Observe que o dinheiro, nessa relação, não é causa, mas a consequência. Primeiro você resolve o problema de alguém e, em decorrência, é remunerado pela solução. E acredito sinceramente que qualquer pessoa, inclusive você, tenha uma habilidade única que pode ser compartilhada para ajudar outras pessoas. Você não precisa ser aquele que mais sabe sobre determinado assunto. Você precisa apenas **saber mais que a maioria das pessoas**. Aprendi isso com Brendon Burchard, em seu ótimo livro O mensageiro milionário.

De acordo com esse ponto de sua vida, você provavelmente sabe dirigir um carro, enquanto outros, não. Pode saber como ser promovido, fazer um ótimo negócio com um carro, escrever uma canção, produzir um filme, criar um blog, livrar-se de dívidas, perder alguns quilos, melhorar um casamento, lidar com críticas, dar à luz uma criança, tirar nota alta num concurso, superar o medo, comprar bem uma casa, recomeçar uma vida normal após uma doença grave... Enquanto outros, talvez, não saibam nada disso.

Talvez você já tenha ouvido a história de como comecei a estudar sobre educação financeira e investimentos. Fiquei tão revoltado por ter sido "enganado" pelo meu gerente do banco que decidi, a partir daquele momento, estudar muito sobre investimentos para nunca mais ser ludibriado e fazer de tudo para que ninguém o fosse também. Criei um blog para aproveitar o potencial da internet para espalhar minha palavra e hoje alcanço mais de 500 mil pessoas todos os meses. Pelo simples fato de ter executado algumas tarefas fundamentais na vida, construí uma "expertise acidental".

Você provavelmente não se considera um especialista, mas a verdade é que outras pessoas estão lá fora, aos milhões, tentando descobrir algo que provavelmente você já sabe.

A exemplo de uma criança que olha admirada para um adulto que consegue dirigir um carro, algo que elas ainda terão de descobrir, mas valorizam profundamente, outras pessoas podem olhar para o que você **já** sabe e pagar por isso.

Se fizer uma lista de todas as coisas que aprendeu e experimentou na vida e nos negócios, constatará que conhece muito. Na realidade, ficará chocado com a extensão que essa lista tem. E concluirá que, de fato, já é um "expert de resultados", alguém que já aprendeu e executou algo tantas vezes que agora pode ensinar aos outros.

O que é notável nesse ponto é que milhões de pessoas pagarão para extrair de você recomendações e conhecimentos básicos. Pode parecer exagero, mas você mesmo já fez isso (e pode nem ter percebido). Alguma pessoa sabia como fazer algo, e você a remunerou por isso, mesmo que ela nem tivesse formação acadêmica na área. Ela tinha o resultado que você queria e, portanto, você pagou para eliminar alguns meses ou anos de sua curva de aprendizado.

Você pagou por resultados. Simples assim. Não é à toa que está agora lendo este livro.

Além de oferecer soluções, você também precisará **aprender a vender**, uma das habilidades mais importantes da vida, e **escalar seu negócio**, para eliminar a variável "tempo" da equação.

É provável que não saiba vender ou tenha vergonha de oferecer seu conhecimento para outras pessoas. Isso (infelizmente) é normal. Lamentavelmente, somos treinados na faculdade para sermos empregados, e não empreendedores.

Eu sempre tive muitos bloqueios e até mesmo vergonha de oferecer meu conhecimento, tanto que relutei bastante antes de lançar meu primeiro produto digital (o e-book *Como investir dinheiro*). Tudo isso porque eu tinha muitas crenças limitantes em relação à venda. Achava que vender era "tirar dinheiro de alguém" ou "pedir para alguém entregar dinheiro para mim". E, se você vê por esse lado, parece realmente que está roubando alguém. E isso seria de fato vergonhoso. No entanto, vender nada mais é que oferecer uma solução para alguém. É encontrar pessoas que precisam desesperadamente daquilo que você tem a oferecer. E, desde o momento que comecei a ver dessa forma, não só perdi a vergonha, como também passei a me sentir obrigado a oferecer minha solução para as pessoas. Se eu não fizesse isso, estaria tirando a oportunidade de alguém resolver um problema ou conquistar um grande sonho.

Outra característica essencial para meu sucesso foi a escalabilidade. Um modelo de negócios escalável é aquele que possui capacidade de aumentar seu faturamento sem precisar elevar proporcionalmente seus custos ou o tempo investido nesse trabalho. Enquanto meu negócio dependesse diretamente do meu tempo, meu ganho seria limitado. Se eu oferecesse algum tipo de consultoria, por exemplo, minha renda estaria limitada à quantidade de horas que eu trabalhasse. Se eu trabalhasse pouco, ganharia pouco. Se trabalhasse muito, poderia até ganhar bem, mas ainda assim haveria um limite, e eu não teria qualidade de vida.

Da mesma forma, eu não poderia investir meu tempo contatando pessoa por pessoa, respondendo e-mail por e-mail, para poder vender meus produtos. Então eu tinha duas possíveis soluções: 1) contratar pessoas para trabalhar comigo e escalar meu negócio através do tempo das pessoas; ou 2) usar as características do mundo digital a meu favor.

A venda é algo muito simples. Você só precisa atrair uma pessoa interessada para uma oferta irresistível.

Eu não disse que era fácil, mas simples.

Então, o que eu precisava, além de obviamente ter um ótimo produto para oferecer, era aprender como vender meu produto (criar uma oferta irresistível) e alcançar o máximo de pessoas (atrair pessoas interessadas nele).

Capítulo 5 - O que nunca falaram sobre a "fórmula da independência financeira"

Para superar esse desafio, precisei estudar bastante marketing digital. Atualmente, estudo mais marketing do que finanças. Só para você ter a noção do quão importante essa habilidade é para meu negócio – para qualquer negócio, na verdade.

Após desenvolver excelentes produtos (no formato de livros digitais e cursos on-line) e criar ofertas matadoras para cada um deles, meu "único" trabalho é atrair pessoas para essas ofertas. E até isso não toma meu tempo, pois tenho uma audiência fiel que visita meu blog diariamente e ainda posso comprar tráfego através de anúncios em buscadores e redes sociais.

Junte-se a isso a reputação que construí ao longo dos anos, ao promover a educação financeira de forma gratuita e de qualidade, com uma linguagem simples e de fácil compreensão, para alcançar a maior quantidade possível de pessoas.

Mas não pense que não trabalhei muito. Na verdade, trabalhei bastante e ainda trabalho muito. No entanto, agora faço isso porque quero. E não porque preciso. Falarei mais sobre isso no próximo capítulo.

É importante ressaltar que meu objetivo, neste livro, não é ensiná-lo a vender, mas eu precisava ressaltar a relevância dessa habilidade para acelerar o alcance da sua liberdade financeira.

Existem excelentes cursos de marketing e vendas, tanto on-line quanto presenciais. Recomendo que você pesquise um pouco sobre o assunto e faça um curso ou compre livros sobre vendas. Além disso, existem inúmeras formas de vender e de escalar o seu negócio, nem precisa ser necessariamente pela internet, como eu fiz.

Na verdade, para muitas pessoas, a quantidade de dinheiro que é possível fazer apenas utilizando seu tempo (sem necessidade de escalar) já seria suficiente para antecipar sua independência financeira em vários anos.

CAPÍTULO 6
O QUE SEPARA VOCÊ DO SUCESSO?

CAPÍTULO 6
O QUE SEPARA VOCÊ DO SUCESSO?

Por que abrir mão de 11 mil reais mensais foi a melhor decisão da minha vida

Lembra a história que comecei a contar logo no começo do livro? Vamos retomá-la a partir de agora.

"Eu tomei a decisão de pedir demissão para me dedicar exclusivamente à vida que sempre sonhei. E olha que estou falando de um cargo público conquistado através de concurso e no qual eu já era estável, trabalhava apenas seis horas por dia e tinha uma ótima remuneração.

Também havia decidido reformular o meu blog <QueroFicarRico.com> para retirar todos os banners e não aceitar mais artigos patrocinados.

E, como você já sabe, essas duas decisões fizeram com que eu deixasse de ganhar **mais de 11 mil reais mensais**... de maneira garantida."

E abrir mão disso foi a melhor decisão que já tomei na vida!

Antes de também me chamar de louco, continue lendo...

A primeira mudança

Desde 2011, o meu blog <QueroFicarRico.com> vinha passando por um processo de profissionalização.

Havia aberto minha empresa para regularizar meu negócio e, inclusive, economizar bastante com o pagamento de impostos. Talvez você não saiba, mas, proporcionalmente falando, uma empresa paga muito menos impostos que pessoa física.

Do ponto de vista estratégico, estava seguindo à risca todos os passos para construir um blog profissional. Tanto que a publicação do livro digital *Como investir dinheiro*, meu primeiro infoproduto, trouxe ótimos resultados financeiros. Desde o lançamento, tornou-se o infoproduto número 1 do Hotmart, maior plataforma de venda e distribuição de produtos digitais do Brasil, encabeçando a lista dos mais quentes por vários meses consecutivos.

O "manual do blogueiro profissional" estava sendo 99% seguido. Faltava esse 1%.

Mas havia algo que eu não conseguia mudar... Por mais que entendesse a importância, eu me recusava a abrir mão da veiculação de publicidade (banners e artigos patrocinados) em meu blog. Tra-

Capítulo 6 - O que separa você do sucesso?

tava-se de uma ótima renda mensal, e, sempre que eu pensava em abandonar essa receita, algo dentro de mim dizia: "Rafael, é uma renda garantida! Por que abrir mão de algo garantido?".

O grande problema que ocorre quando precisamos tomar decisões importantes é que costumamos olhar para o lado errado. Focamos mais no que vamos perder do que no que vamos ganhar. Realmente estaria perdendo imediatamente uma ótima renda mensal.

Naquela época, isso representava algo em torno de 5 mil reais por mês. Atualmente seria ainda mais, pois a visitação do meu blog aumentou consideravelmente de 2013 para cá.

O que eu deixaria de ganhar sempre esteve claro. Mas o ponto de vista correto deveria ser: o que eu vou ganhar com essa mudança? Vejamos:

- Meu blog teria um visual mais limpo e agradável, o que deixaria a experiência do usuário muito mais confortável;

- Eu teria maior credibilidade, pois não precisaria mais publicar artigos patrocinados de bancos e corretoras, recomendando agora apenas o que realmente pensava que valia a pena;

- Em vez de torcer para que o visitante saísse do meu blog (afinal, é o que acontece quando alguém clica num banner), eu o manteria no blog, consumindo meu conteúdo, adquirindo conhecimento e confiando no meu trabalho.

Colocando o medo de lado e olhando friamente para os pontos positivos e negativos, a decisão era muito simples. E, mesmo se eu olhasse para o pior cenário (a estratégia dar errado), bastava eu colocar os banners de volta e essa receita tornaria a entrar em minha conta. Por isso, sempre analise tudo o que você vai ganhar (e não só o que vai perder) e tente visualizar o pior cenário possível ao tomar uma decisão. Às vezes, o pior cenário não é tão assustador quanto parece.

A grande mudança

"E o meu emprego, deveria largá-lo?", eu pensava todos os dias. Se a decisão anterior era muito simples, essa realmente **parecia** bem mais difícil. Afinal, como já expliquei, era um cargo público estável, eu trabalhava apenas seis horas por dia e ganhava mais de 6 mil reais por mês. E o mesmo pensamento vinha à minha cabeça: "Rafael, é uma renda garantida! Por que abrir mão de algo garantido?". Eu disse que a decisão parecia bem mais difícil. Pois é, apenas parecia...

Se eu analisasse da mesma forma que o fiz para a decisão anterior (focar no que ia ganhar ao invés do que ia perder), tudo ficaria claro para mim. O que eu perderia estava muito evidente: uma renda mensal excelente, estabilidade no emprego e todos os benefícios de ocupar um cargo público. Mas o que eu ganharia?

Poderia citar aqui diversos pontos, mas quero ressaltar apenas o mais importante deles, na minha opinião: a **liberdade**. A partir do momento que eu largasse meu emprego, eu poderia me dedicar a fazer apenas o que eu realmente gostava. **Mais ainda**: eu poderia trabalhar quando eu quisesse, por quanto tempo eu quisesse e na hora que eu quisesse.

Para mim, tanto faz trabalhar num sábado à noite ou estar na praia numa terça-feira pela manhã. Na verdade, se eu estiver com meu computador e com uma internet razoável, tanto faz o local que eu esteja. Eu posso estar no conforto da minha casa, numa praia na Tailândia ou num café em Paris.

(Sim, já trabalhei de todos esses lugares.)

O que define meu horário de trabalho é o momento que me sinto mais produtivo, e não um horário pré-determinado. E essa liberdade, para mim, não tem preço.

E qual seria o pior cenário dessa decisão, caso tudo desse errado?

Como eu tinha o objetivo de largar meu emprego, sempre poupei boa parte do salário para usá-lo em caso de alguma emergência. Assim, eu tinha acumulado uma quantidade de dinheiro e conseguiria viver por vários meses, mesmo que tudo desse errado.

Eu investi em mim mesmo

Além disso, eu já tinha uma boa experiência com blogs e marketing digital, e, mesmo que tudo desse errado, eu poderia construir um novo negócio de uma forma muito mais simples e rápida, pois já sabia as estratégias e ferramentas que funcionavam.

Ao focar no que eu ganharia (e não no que estava perdendo) e prever o pior cenário, a decisão ficou muito simples para mim.

Absolutamente nada me impedia de deixar meu trabalho e me dedicar exclusivamente ao que mais me dá prazer.

A transformação

Abrir mão de mais de 11 mil reais mensais (6 mil reais de salário + 5 mil reais de publicidade) foi a melhor decisão que já tomei. Hoje, em vez de uma renda garantida todos os meses, tenho que batalhar mês a mês para desenvolver meu negócio e gerar resultados. Mas sabe de uma coisa? Lutar todos os dias não me assustava. O que me assustava era a ideia de ter que passar 35 anos fazendo algo de que eu não gostava, tendo férias apenas um mês por ano, para só poder aproveitar minha vida, *se tudo desse certo*, após todo esse tempo.

Ser persistente é uma das habilidades mais importantes que você pode desenvolver, mas não confunda com teimosia. "Persistir" em algo que está fadado ao fracasso (ou que já sabe que não vai fazê-lo feliz) é teimosia, não persistência.

Sabe aquele filme superchato que você percebe desde o início que é ruim e mesmo assim assiste até o final "só porque já tinha começado"? Pronto. Isso também é teimosia.

Larguei o meu mestrado...

Pedi demissão do meu emprego...

Desisti de atuar na minha área de formação (Ciências da Computação)...

E todas essas decisões foram muito importantes para a minha vida.

Em compensação, tive persistência para transformar um simples blog criado em 2007 no que o Quero Ficar Rico é atualmente: um dos maiores blogs de educação financeira do Brasil. Se você olhar apenas para os blogs independentes (sem vínculo com instituições financeiras), o Quero Ficar Rico é **o maior** do Brasil.

Muitas vezes, o que separa você do sucesso não é falta de conhecimento ou competência, mas a **falta de atitude**.

Não lamente pelo tempo que passou nem espere pela "hora certa". A "hora certa" ou o "momento ideal" não existe. Um ano possui 365 oportunidades.

Oportunidades podem ser criadas. E isso pode acontecer hoje se você começar agora.

Meu principal objetivo é mostrar a você que suas decisões podem ser tomadas pautadas por aquilo em que você realmente acredita, e não pelo medo do que pode perder.

Capítulo 6 - O que separa você do sucesso?

Nos últimos anos, consegui inspirar diversas pessoas a mudarem suas vidas. Sempre recebo e-mails e comentários que relatam essas mudanças após elas terem participado de um curso de minha autoria, lido um texto que publiquei ou mesmo minha simples resposta nos comentários.

E mudar verdadeiramente a vida de alguém (em qualquer área que você atue) é uma das recompensas mais incríveis que se pode experimentar.

Acredito que qualquer pessoa possui uma habilidade única que pode ser ensinada a milhares de outros e, como consequência, ser remunerada por isso.

E acredito também que sua renda está muito mais relacionada com a **quantidade de pessoas** que você consegue ajudar do que com a **quantidade de horas** que trabalha.

Lembre-se: o tempo é seu maior bem. Não troque apenas seu tempo por dinheiro. Afinal, você pode vendê-lo, mas nunca comprá-lo de volta.

Escolhi compartilhar meu conhecimento através de um blog gerido profissionalmente e obtive sucesso nessa escolha. Uma escolha que me proporcionou liberdade, reconhecimento e, como consequência, ótima renda.

Você não tem que necessariamente criar um blog para fazer isso, mas deve se planejar para buscar sua liberdade financeira.

Não viva em função do dinheiro. Viva em função da liberdade e da qualidade de vida, e dinheiro será uma consequência.

No final das contas, as melhores coisas da vida **não** são coisas.

QUERO FICAR RICO · Rafael Seabra

Os cinco maiores arrependimentos antes de morrer

É engraçado como, algumas vezes, lemos um livro inteiro e não aprendemos nada relevante. E, ao lermos uma simples frase, ela muda nossa vida. Tanto é verdade que publico artigos com milhares de palavras e alguns leitores me agradecem por uma única frase que leram num deles, dizendo que aquilo o motivou a fazer algo diferente.

Vez por outra isso também acontece comigo, quando leio uma frase ou apenas pequenos trechos de livros. Quero compartilhar com você algo muito legal que vi pela primeira vez em 2013, ano de muitas mudanças em minha vida. Eu assisti a um vídeo no YouTube sobre um livro escrito por Bronnie Ware, enfermeira especializada em cuidar de pacientes terminais.

Bronnie passou anos cuidando de pacientes em seus últimos três meses de vida e, segundo ela, os pacientes ganham uma clareza de pensamento incrível no fim da vida, e podemos aprender muito dessa sabedoria. Após anos de convívio e troca de experiências, ela identificou os cinco maiores arrependimentos das pessoas próximas da morte. Não sei se você teve a oportunidade de ver o vídeo (caso não tenha assistido, acesse <https://youtu.be/6LxAshVAR4Q>) ou ler o livro, cujo título em português é *Antes de partir*, mas aqui estão os arrependimentos:

- Eu gostaria de ter tido coragem de viver uma vida fiel a mim mesmo, e não a vida que os outros esperavam de mim;
- Eu gostaria de não ter trabalhado tanto;
- Eu gostaria de ter tido coragem de expressar meus sentimentos;

Capítulo 6 - O que separa você do sucesso?

- Eu gostaria de ter mantido contato com meus amigos;
- Eu gostaria de ter me deixado ser mais feliz.

É de arrepiar, não é? Desde que conheci essa lista, passei a tomar decisões sempre levando em consideração esses arrependimentos. E, se você parar para pensar, todas as possibilidades estão ao seu alcance, e basta tomar uma decisão para sua vida não seguir nessa mesma direção. Na verdade, já mudei muitas coisas por conta desses conselhos.

Todos esperavam, por exemplo, que eu passasse num concurso e permanecesse nesse trabalho até me aposentar, porque era seguro. Mas, se eu tivesse feito isso, não teria sido fiel a mim mesmo. Por isso decidi largar meu emprego, mesmo sendo seguro e bem remunerado.

Da mesma forma, precisava encontrar uma maneira de não trabalhar tanto. E o jeito que encontrei foi escolher uma ocupação que me desse prazer, pois assim me sentiria realizado ao trabalhar. É como aquela famosa frase de Confúcio que diz:

"Escolhe um trabalho de que gostes e não terás que trabalhar nem um dia na tua vida."

Se eu não tiver que trabalhar nem um dia na minha vida, também me livrarei do segundo arrependimento.

E foi essa decisão que tomei, ao me tornar um blogueiro profissional, pois amo o que faço, consigo ajudar milhares de pessoas, sou reconhecido pelo meu trabalho e, como consequência, alcancei minha liberdade financeira.

Para manter mais contato com meus amigos e me tornar mais feliz, descobri que o dinheiro compra felicidade. Usado da maneira correta, ele compra, sim. (Falarei mais sobre isso no último capítulo, ok?)

Liberdade é um dos três pilares da riqueza. E, se você tem liberdade, está muito mais apto a fortalecer os outros pilares da riqueza: saúde e relacionamentos. Mas, antes de comentar sobre os três pilares, preciso pedir (até implorar, se necessário) que você **pare de cometer os mesmos erros**.

Aonde quero chegar com tudo isso? Olha só, já cometi muitos erros em minha vida e sei que ainda cometerei muitos outros nos dias que ainda estão por vir. Mas dificilmente olharei para trás e me arrependerei de algo. Sabe por quê? Porque sempre procuro fazer o melhor a cada dia. Posso cometer erros, mas tenho certeza de que eu estava tentando fazer o melhor naquele momento.

Falo isso porque muitas pessoas têm consciência de que estão cometendo erros e ainda assim permanecem nesses erros. E isso, para mim, é inconcebível...

Por que continuar fazendo algo que já sabe que é errado ou que não o deixa feliz? Por que continuar vivendo a vida que os outros esperam de você, e não a vida fiel a si mesmo? Aqui vai outra famosa citação de que gosto bastante:

"Seu tempo é limitado, então não perca tempo vivendo a vida de outro. Não seja aprisionado pelo dogma – que é viver com os resultados do pensamento de outras pessoas. Não deixe o barulho da opinião dos outros abafar sua voz interior. E, mais importante, tenha a coragem de seguir seu coração e sua intuição. Eles, de alguma forma, já sabem o que você realmente quer se tornar. Tudo o mais é secundário." - Steve Jobs

Sinceramente não acredito que exista uma "fórmula mágica" para a felicidade ou o "trabalho perfeito". No entanto, há caminhos que oferecem oportunidades melhores que outros. Basta você se apoiar nos três pilares da verdadeira riqueza, assunto do nosso próximo capítulo.

CAPÍTULO 7
OS TRÊS PILARES DA VERDADEIRA RIQUEZA

CAPÍTULO 7
OS TRÊS PILARES DA VERDADEIRA RIQUEZA

Quando falamos de riqueza, imediatamente a relacionamos com dinheiro. Mas, se você parar para pensar, os momentos mais felizes da vida estão ligados ao dinheiro? No meu caso, não. E acredito que no seu também não. Nem no caso daqueles pacientes terminais sobre os quais já comentei.

Acredito, portanto, que a verdadeira riqueza está relacionada justamente aos momentos mais felizes de nossa vida. Ela não está relacionada à posse de bens materiais – aos olhos de alguns talvez esteja, e esse é o erro. Na minha opinião, a verdadeira riqueza é composta por três pilares:

- Relacionamentos;
- Saúde;
- Liberdade.

Aprendi isso com o MJ DeMarco, autor do livro *The Millionaire Fastlane* [A via expressa dos milionários, em português], e é isso que vamos discutir a partir de agora.

Relacionamentos

Um dos pilares da verdadeira riqueza é a maneira como você se relaciona com as pessoas. Não apenas com sua família, mas também com sua comunidade, seu Deus (independentemente de sua religião) e seus amigos. Você nunca se sentirá rico de verdade se não tiver pessoas amadas e que amem você ao seu redor.

No filme *Na natureza selvagem* (*Into the Wild*, 2007), vi uma frase que me marcou bastante:

"A felicidade só é real quando compartilhada."

Não sei se já assistiu a esse filme (muito bom, por sinal), mas apenas essa frase já valeu o filme para mim.

Qualquer grande conquista que obtiver só será plenamente percebida se você puder compartilhar com as pessoas que ama. Por isso, valorize bastante seus relacionamentos.

Além disso, esteja próximo a pessoas que realmente contribuem para o seu crescimento. E procure também sempre fazer a diferença na vida das pessoas. E não ser apenas mais um. A maneira como você impacta e melhora a vida das pessoas também contribui bastante para sua percepção de riqueza.

Saúde

O segundo pilar da riqueza está ligado à forma como você cuida do seu corpo e da sua mente. Não apenas a saúde física, mas o bem-estar como um todo.

Manter uma boa saúde através de bons hábitos alimentares, exercícios regulares e ausência de vícios (fumo, bebidas alcoólicas, drogas em geral) também é um passo essencial para sentir-se verdadeiramente rico.

Pode parecer meio sórdido dizer isso, mas pergunte a qualquer doente em estado terminal o que ele mais valoriza. Pergunte também a qualquer pessoa que sobreviveu a um câncer como se sentiu renascido e transferiu a felicidade de bens materiais para pessoas e experiências. Não há preço que se pague por uma boa saúde. Portanto, cuide bem de si mesmo, tanto física quanto mentalmente.

Liberdade

No terceiro (e último) pilar da verdadeira riqueza está a liberdade de escolha. Liberdade para viver como quiser, onde quiser e quando quiser. Livre de chefes, alarmes e pressões por resultados. Livre para correr atrás dos seus sonhos. E livre de fazer coisas que você odeia.

Um bilionário americano chamado Robert L. Cox tem uma definição muito interessante sobre o assunto:

"A pessoa financeiramente livre é a que pode comprar uma passagem aérea para qualquer lugar do mundo e permanecer ali pelo tempo que quiser."

Praticamente qualquer pessoa, nos dias atuais, pode comprar uma passagem aérea para qualquer lugar do mundo, mas quantas podem fazer isso sem a passagem de volta? Pouquíssimas. Mesmo milionários talvez não possam, pois seu trabalho depende da sua presença física diariamente. E é aí que muitas pessoas fazem uma interpretação errada. Acham que só é financeiramente livre quem tem muito dinheiro. Errado! A liberdade financeira está em não depender da sua força de trabalho para manter seu padrão de vida. Dessa forma, está pouco relacionada a quanto você ganha e muito mais relacionada a quanto acumula e ao seu padrão de vida.

Se você opta por comprar um carro através de um financiamento em sessenta meses, estará "preso" a uma fonte de renda para pagar esse financiamento durante cinco anos. A mesma coisa acontece quando opta por comprar um imóvel financiado em trinta anos.

O modo como gasta seu dinheiro e mantém seu padrão de vida é que vai determinar quanto precisa para alcançar a liberdade financeira, dando um passo essencial para a verdadeira riqueza.

Capítulo 7 - Os três pilares da verdadeira riqueza

Recapitulando...

Como disse anteriormente, os três componentes fundamentais da verdadeira riqueza são seus relacionamentos, sua saúde e sua liberdade. E expliquei os três sem praticamente falar sobre dinheiro. Isso significa que dinheiro não é importante? De forma alguma! Dinheiro é muito importante, desde que você saiba utilizá-lo de forma inteligente, voltado para acumular riqueza, através de ativos que gerem renda, e não novas despesas.

Saber ganhar dinheiro fará com que você fique mais perto da liberdade financeira.

Saber poupar dinheiro também fará com que você se aproxime da liberdade financeira.

Saber investir dinheiro também fará com que você se aproxime da liberdade financeira.

Para conquistar a liberdade financeira, você vai precisar saber usar o dinheiro com sabedoria.

No entanto, definitivamente os outros dois fatores (saúde e relacionamentos) também são importantes. Talvez até mais importantes.

Existem diversos milionários que trabalham tanto que não têm tempo para se dedicar aos seus relacionamentos, cuidar da saúde ou mesmo para viajar e vivenciar novas experiências. Será que o fato de terem muito dinheiro faz com que sejam verdadeiramente ricos?

O pior é ver pessoas que não possuem muito dinheiro e, além disso, não valorizam sua saúde e seus relacionamentos. Para completar, dedicam-se tanto ao trabalho que não possuem liberdade alguma.

Existe uma grande diferença entre trabalhar muitas horas e ser muito produtivo. Trabalhar muito é uma coisa. Trabalhar de forma inteligente é outra.

CONCLUSÃO
SIM, DINHEIRO COMPRA FELICIDADE!

CONCLUSÃO
SIM, DINHEIRO COMPRA FELICIDADE!

Existe um conhecido ditado popular que diz o seguinte: "Dinheiro não compra felicidade". Mas será mesmo? Após refletir bastante, cheguei à conclusão de que o dinheiro compra, sim, a felicidade. Não o dinheiro por si só, mas o bom uso dele. Você vai entender o meu ponto de vista a partir de agora.

Dinheiro (usado da maneira errada) não compra felicidade

Não há dúvida de que existem muitos milionários ou pessoas bem remuneradas infelizes. Mas isso tem a ver com o fato de possuírem muito dinheiro? Definitivamente não. Essa infelicidade tem a ver com a liberdade – na verdade, com a falta dela.

O dinheiro domina essas pessoas, e não o contrário. Uma pessoa bem remunerada e viciada em trabalho (*workaholic*) que não tem tempo para cuidar da saúde ou nunca está em casa para fortalecer o relacionamento com seu cônjuge e seus filhos provavelmente é menos feliz que um pobre pescador que gasta metade do dia pescando e a outra metade com sua família.

A questão da infelicidade, portanto, não é o dinheiro, mas a falta de liberdade, saúde e bons relacionamentos, que são os três elementos da verdadeira riqueza.

A liberdade é um componente tanto da riqueza quanto da felicidade. Aqueles que vivem livres serão mais felizes. Aqueles que possuem fortes laços com seus amigos e familiares serão mais felizes. Aqueles que possuem boa saúde serão mais felizes.

Quando Robert Kiyosaki menciona a famosa "corrida dos ratos" no livro *Pai rico, pai pobre*, ele tenta mostrar exatamente isso, só que com outras palavras.

O problema está no "normal"

O problema está no que a sociedade define como "normal" para você. Normal é acordar todos os dias às seis da manhã, enfrentar longos engarrafamentos e trabalhar oito horas por dia, de segunda à sexta (ou mesmo todos os dias, em alguns casos). Normal é comprar tudo no crédito, desde uma simples camisa até a casa onde mora. Normal é acreditar que alguma fórmula mágica, em algum momento da sua vida, o fará rico. Normal é acreditar que um carro mais potente ou uma casa maior o fará feliz.

Você está condicionado a aceitar o "normal" com base na definição de riqueza da sociedade, que, por sua vez, está totalmente equivocada. A riqueza não é definida pelo que você possui, mas essa é a definição de riqueza da sociedade, para incentivar o consumismo como a única forma de alcançar a felicidade.

Consumismo é o maior obstáculo para a felicidade

O consumismo nos condena a um estilo de vida na "prisão". E, quanto mais você comprar coisas que não cabem no seu bolso, maior será sua "sentença". O consumismo está atrelado à gratificação instantânea e ao prazer imediato. E isso vale tanto para sua saúde financeira quanto para sua saúde física. O que acha de comer chocolate (ou qualquer sobremesa com bastante açúcar) a qualquer momento? Ou comer aquele supercombo da sua lanchonete preferida, com sanduíche, batatas fritas e refrigerante? Infelizmente, esse prazer imediato (no curto prazo) geralmente é um péssimo negócio para sua saúde no longo prazo.

Com isso, essa busca incessante por gratificação instantânea tem um destino comum: endividamento e obesidade, e o caminho para cada um é muito parecido. A riqueza, assim como a saúde, não é fácil de ser obtida – ambas exigem disciplina, sacrifício, persistência, comprometimento e, obviamente, gratificação postergada.

Se você não tem autocontrole em relação às tentações da gratificação instantânea, dificilmente terá sucesso em enriquecer ou emagrecer. Ambos exigem uma mudança de estilo de vida, deixando de pensar no curto prazo (gratificação instantânea) e focando no longo prazo (gratificação postergada). Coloque isso em prática e observe resultados mais rápidos do que você imagina.

Dinheiro (usado da forma correta) compra felicidade

O dinheiro não compra felicidade quando é utilizado da maneira errada. Em vez de utilizá-lo para comprar liberdade, as pessoas o utilizam para se manterem presas (a financiamentos, bens com alto custo de manutenção, cartões de crédito etc.). Quanto mais compromissos financeiros você assume, mais preso estará a uma fonte de renda para honrá-los.

"Riqueza" e "felicidade" estão interligados, mas somente se sua definição de riqueza não estiver corrompida pela psicologia do consumo.

Usado da forma correta, dinheiro compra liberdade, e liberdade é um elemento dos três pilares da riqueza. E, se você tem liberdade, está muito mais apto a fortalecer os demais elementos da riqueza: saúde e relacionamentos. Vejamos:

Dinheiro compra a liberdade para ver de perto seus filhos crescerem.

Dinheiro compra a liberdade para perseguir seus sonhos mais malucos.

Dinheiro compra a liberdade para construir e fortalecer relacionamentos.

Dinheiro compra a liberdade para se exercitar (ou fazer o que desejar), quando quiser, quantas vezes quiser.

Agora, pense comigo: alguns desses exemplos poderiam fazer você mais feliz? Aposto que sim, pois uma coisa é certa – eles certamente não trariam infelicidade.

Se o dinheiro é capaz de comprar liberdade (quando bem utilizado) e, com essa liberdade, podemos nos dedicar ao que realmente importa, então o dinheiro pode comprar felicidade.

E o conhecimento é a chave para que possa fazer o seu dinheiro trabalhar por você, para que seja o senhor dele. Conhecimento é liberdade. Assuma o controle da sua vida financeira.

**Este livro foi impresso pela Gráfica Assahi
em papel pólen bold 70g em março de 2022.**